Amorosa Visione...

Giovanni Boccaccio

BOCCACCIO

AMOROSA VISIONE

Testo di Lingua

AMOROSA VISIONE

COMPOSTA PER

M. GIO. BOCCACCIO

Testo di lingua.

PALERMO

Dalla Tipografia di Giuseppe Assenzio

1818

(5)

AVVERTIMENTO.

—◆—

Questo poema, che quasi dopo tre secoli nuovamente rivede la luce, è stato trascritto da abile mano dal codice cartaceo n. 1066. della cotanto famosa
collezione Ricciardiana in Firenze, ed è stato colla-
zionato collo stampato. Chiunque sia mezzanamente
versato nella lettura e degli antichi manoscritti, e
delle prime stampe poco da questi dissimili, chiara-
mente vedrà, che per riuscire perfetta un'opera di tal
fatta abbisogna aver sotto gli occhi comparate e sce-
gliere tra varj accreditati manoscritti e libri di prima
stampa le varie lezioni, e riunendo le migliori con
la guida di un illuminato e savio discernimento for-
marne quindi un bel modello. A poche persone ed a
pochi libri è data simile sorte, e vie maggiormente
in luoghi dove e gli uni e gli altri sono scarsissimi.
L'amore alla lingua Toscana mi ha fatto non por mente a tutte queste ragionevoli e gravi difficoltà, e mi
ha renduto animoso a presentare al pubblico questo poema, parto dell'ingegno di uno de' principali padri
del nostro bel linguaggio; poco conosciuto in vero, e
da non potere in verun conto soffrire il paragone col-
l'altre sue immortali prose. Ma se vogliamo meno
rigidi compararlo con altri autori coetanei, ed anche

a 2

de' tempi posteriori, si osserverà quanto il celebre Boccaccio li superò, ancorchè nato prosatore. In quest'epoca, dove una nobile gara e l'orgoglio nazionale aizzato da un insano decreto ha fatto rifrustare li negletti archivj, e ha ridonato alla vita varie opere, per le quali puotesi avvantaggiare il nostro già sentenziato idioma, credo non essere discaro il mio travaglio in pubblicare questa poco nota opera, la quale, abbenchè potrà ridursi a più perfezione, non lascia poi tal quale è di avere alcun piccolo pregio. Se qualche nobile e studioso ingegno si animasse a ridurlo a quella perfezione, che merita anche la più negletta opera di tanto valentuomo, farebbe un dono alla bella Italia, ed aggiugnerebbe un giojello alla nostra leggiadra favella.

NOTIZIE ISTORICHE

DI

GIOVANNI BOCCACCIO

Giovanni fu figliuolo di Boccaccio di Chellino di Bonajuto, e nacque probabilmente nel 1313. Era la sua famiglia originaria di Certaldo, castello nel territorio Fiorentino nella Val d' Elsa, per la qual cosa s' intitolò egli più di una volta Giovanni Boccaccio da Certaldo. La più comune opinione è che Giovanni fosse figliuolo illegittimo di Boccaccio, e d' una giovane Parigina; avutolo mentre trovavasi in Parigi per cagion di mercatura. Fece i suoi primi studj in Firenze sotto Giovanni da Strada celebre grammatico, e padre del più celebre Zanobi da Strada poeta latino, che ottenne molto immeritamente la poetica laurea. Queste prime elementari lezioni gittarono nel ferace ingegno del giovanetto Boccaccio semi tanto felici, che malgrado una lunga trascuranza si svilupparono ancora ampiamente, e decisero della sua vocazione, e furono per così dire la base dei fortunati progressi, che andremo osservando. Appena fu il nostro Giovanni iniziato nella grammatica, che il di lui padre dalla letteraria carriera il distolse per occuparlo nella mercatura. Peregrinò egli per varie regioni ad oggetto di adattarsi a mercanteggiare, e pervenuto finalmente in Napoli l' anno ventottesimo della età sua , passando un giorno presso il sepolcro di Virgilio , sentì a simile vista infiammarsi d' insolito ardore , così che in quel momento istesso prese la determinazione di abbandonare il traffico , e di rivolgersi interamente agli studj . Dolse al padre un tal cangiamento ; pur tuttavia acconsentì ai desiderj del figlio . Divisò pertanto , che s' applicasse al diritto Canonico ; ciò che fu per Giovanni un' altra noja . S' infastidì per lo corso di sei anni non avendo sott' occhio , secondo la sua espressione , altro che aride decisioni e magri commenti . Dopo l' indicato tempo conseguì finalmente la laurea , e fu quindi in libertà di rivolgersi a quali studj più gli piacessero .

La sua avidità d' imparare non conosceva confini , nè vi fu quasi provincia dell' umano sapere , nella quale non amasse spaziare . Egli si applicò all' astronomia sotto Andalone del Negro Genovese , alla lingua greca sotto Leonzio Pilato da Tessalonica , e sotto altri alle sacre lettere , alla erudizion greca e romana , e a coltivare la prosa e la poesia non meno latina , che italiana . Nell' ultimo libro della Genealogia degli Dei , egli fa menzione con applausi di gratitudine di que' moderni , che o colla voce o cogli scritti erano concorsi ad aumentare il capitale delle sue cognizioni . Tra gli altri distingue messer Francesco Petrarca , alla cui amicizia in molti luoghi delle sue opere si confessa debitori de' suoi maggiori progressi nelle ottime discipline , e il venera come maestro , e come il più efficace suo eccitatore alla virtù . L' angusto suo patrimonio non era in verun modo corrispondente al dispendio , ch' esigeva il trasporto suo per gli studj . Fece egli venire dalla Grecia le opere d' Ome-

to , e di altri scrittori : e condusse da Venezia a
Firenze il prefato Leonzio Pilato, e a proprie spese
lungamente il mantenne in sua casa non solo per
propria istruzione , ma per diffondere eziandio la
cognizione della greca letteratura presso a' suoi con-
cittadini . Intraprese ancora frequenti viaggi ad oggetto di conoscere e di conversare con quegli stranie-
ri , che godeveno chiarissima fama di distinto sapere . Per saziare la sua cupidigia di libri , si pose a trascrivere qualunque opera di storici, oratori,
e poeti, che potè procurarsi d' altrui . Con tale in-
defessa fatica ei giunse in primo luogo a formare
una copiosa biblioteca per se medesimo , che dopo
la morte di lui divenne poi quella de'Padri Agosti-
niani di Santo Spirito di Firenze , ai quali la lasciò nel suo testamento . Potè inoltre presentare di
preziosi codici i suoi letterati amici . Il prelodato
Petrarca ebbe in dono da Boccaccio le opere di S.
Agostino , la Commedia di Dante , e una traduzione
latina di Omero , il tutto ricopiato da lui con somma diligenza e nitidezza ; e potè in fine ricopian-
do anche a prezzo ritraere da questo esercizio un
sovvenimento alla sua povertà .

Non solo i biografi del nostro Boccaccio, ma eziandio innumerevoli altri scrittori ce lo rappresentano
come deditissimo alle donne , e lungamente involto
nelle panie d' amore . Ma a che ricercar prove stra-
niere , quando tutte le sue opere toscane (che non
sono in picciol numero) riboccano di fiamme impu-
re , e ce lo dimostrano inclinatissimo alla lascivia ?
Le sue galanti avventure sono però coperte da folto
bujo malgrado la loro moltiplicità . Ha egli preteso
negli scritti suoi , e singolarmente nel Corbaccio,
nel Filocopo, e nella Fiammetta di descrivere la sto-

ria de' proprj amori : ma alcune particolarità , ch'
ivi s' incontrano , non si confanno in verun modo
colle circostanze della sua vita . Inoltre scrive egli
medesimo nel primo libro del citato Filocopo , che
quantunque la sostanza delle cose da lui narrate sia
vera , *egli però sotto sì fatto ordine le avea di-*
sposte , che niuno per quantunque avesse acuto
intelletto potrebbe conoscere chi egli fosse . In
tanta oscurità noi accenneremo in breve i principali
aneddoti , che a lui comunemente si attribuiscono .

Alcuni asseriscono ch' ei visse amante di Giovan-
na Regina di Napoli nipote del Re Roberto , Prin-
cipessa quanto avvenente e leggiadra della persona ,
altrettanto dissoluta ne' suoi costumi . Ma il maggior numero degli scrittori concorda , che il Boccaccio si accese d' ardentissimo amore per Maria figlia
naturale del medesimo Re Roberto , la quale egli
adombrò sotto il nome della Fiammetta , e della
quale in più luoghi delle sue opere descrive i pregj , e le vicende , e gli amorosi lamenti ; e a cui
contemplazione egli scrisse il Filocopo . Sembra inoltre di potersi raccogliere da quanto scrive il Boccaccio medesimo nell' Ameto , ch' ei fosse da lei riama-
to pel corso di più anni , e che conseguisse anche
il desiato frutto d' amore . Ma vuolsi , che messer
Giovanni avesse qui voglia di favoleggiare : questo
genio inventivo e romanzatore traluce in troppi luoghi delle sue opere .

Il Cieco d' Adria , o sia Luigi Grotto , e Francesco Sansovino , ed altri ancora affermano , che il
Boccaccio narri un' amorosa avventura occorsa a lui
medesimo nella settima novella della giornata ottava
del Decamerone , accomodandola egli alla persona
di uno scolare per nome Rinieri , il quale si era inva-

ghito di una giovane vedova nominata Elena *del corpo bella , d' animo altiera , e di legnaggio gentile.* Costei con promessa di notturno congresso il fece spasimare tutta una notte d' inverno a scoperto cielo , assiderato per la sottoposta neve , e adiratissimo per le tresche amorose , che la donna faceva udire dagl' interni appartamenti , ove aveva raccolto il suo favorito amatore , ridendo insieme sgangheratamente de' suoi patimenti : della quale amara beffa , egli dice , che lo scolare si vendicò dopo alcun tempo, facendo abbronzare quella malvagia esposta tutta ignuda agli ardori del sollione , e agli scherni de' passeggieri . Della mentovata vedova nuovamente egli si vendica nel Corbaccio biasimandola fuor di modo: e per avventura l' unica vendetta , ch' egli potesse prendere di essa , quella fu di vituperarla colla sua penna , mentre dagli allegati autori si reputa assolutamente falsa e inventata a capriccio la seconda parte di quella novella . E in fatti quanto è verisimile il primo avvenimento , altrettanto è inverisimile il secondo.

Qualunque sia la verità delle indicate avventure, è cosa certa , che il Boccaccio eccessivamente si abbandonò al sensuale appetito : frutto di esso fu anche una figlia , ch' egli ebbe , quantunque sempre vivesse scapolo . In una sua Egloga la piange morta in fresca età sotto il nome di Olimpia : alcuni autori a lui attribuiscono ancora un figlio.

La familiarità , che il nostro Boccaccio contratta aveva col gentil sesso , lo avea parimente renduto un esperto esploratore di tutto ciò che ad esso apparteneva . Egli vantavasi nel Corbaccio di essere universalmente riputato un perfetto conoscitore della femminile bellezza . Inoltre fece professione di analizzare minutamente il cuor delle donne, rilevandone gli occulti affetti, i sottili artificj, le amorose malizie, e ciò con soverchia malignità, che ben dimostra la esagerazione; onde Bayle ebbe giusta ragion di osservare a questo proposito, *che gli autori, che più hanno detto male delle donne, son quelli che più le hanno idolatrate*.

Lo stemperamento delle carnali affezioni trae necessariamente seco anche il libertinaggio delle idee. Così avvenne al Boccaccio. Egli arrogossi un'eccessiva libertà nel Decamerone non solo di colorire osceni ritratti, ma di vituperare acerbamente eziandio i costumi dei ministri del Santuario, e inoltre di porre in beffe costumanze, espressioni, e riti consagrati dalla religione. Tali ardimenti portarono a giudicare ch'egli fosse Epicureo non sol di condotta, ma ancor di sistema. Ciò però non confronta col vero. L'imbecillità della umana natura comune a tutti i secoli, e la cecità e l'inganno proprj del suo, formavano un misto informe di superstizione, di spirito forte, di mal costume, e di pratiche religiose. Mentre il Boccaccio lordava la sua penna colle maggiori sozzure, egli era in pari tempo un avido raccoglitor di reliquie, e dopo di avere scritti gli scandali del Decamerone, egli ringraziava l'Altissimo, perchè mercè la divina sua grazia aveva ridotta quell'opera a compimento.

Se il Boccaccio non fu troppo riservato e modesto nel pensare e nell'esternare i suoi pensamenti, se non seppe gran fatto tenere in freno la concupiscenza, non fu avventurato nemmeno nel poter comprimere la parte irascibile del suo carattere. Egli stesso confessa nel Filocopo di andar soggetto a frequenti accessi di sdegno, i quali non poco nuocevano anche a' suoi studj . Ma basti de' suoi costumi.

Malgrado le sue lunghe occupazioni in moltiplici studj . malgrado i suoi reiterati divagamenti in non metafisici amori, seppe il nostro Boccaccio ritrovare ancora tempo ed opportunità , onde assumere i pubblici impieghi , che la sua nobilissima patria si fece un pregio di conferirgli anche a fronte della sua povertà , che è una cattiva raccomandazione del merito . Fu egli pei Fiorentini ambasciatore ad Ostasio Polentano Signor di Ravenna , e a Lodovico Marchese di Brandemburgo figliuolo dell' Imperatore Lodovico il Bavaro , e a più Sommi Pontefici tanto in Roma che in Avignone . Coprì anche in patria una militare magistratura . Essendo poi nell' anno 1368. seguita pubblica deliberazione in Firenze d' instituire una Cattedra , in cui fosse letta e spiegata la Commedia di Dante , venne ad essa destinato Boccaccio , come il soggetto più atto a corrispondere alle intenzioni della città . Convien dire , che questa sua promozione venisse riputata molto onorevole , poichè destò vivamente l' invidia . A fine di adempiere all' addossatogli incarico stese egli il Comento alla prima cantica , e per avventura la Vita del nominato Poeta .

Ma insorse uno spiacevole avvenimento a perturbare la serenità del suo animo , ed a produrre una totale rivoluzione nelle sue idee . Si portò a lui un certo Gioachino Ciani Certosino , e gli riferì , che Pietro Petroni suo correligioso morto poco prima in odore di santità aveva profetizzato , che a lui restavano brevi giorni di vita , quando non cangiasse costumi . Atterrito da tale minaccia il povero Boccaccio pensava già a rinunziare agli amori , ai libri , alle lettere ; e persino alla propria libertà , disponen-

dosi ad entrare egli pure tra i Certosini. Ma il sag-
gio Petrarca, cui egli aveva comunicato il narrato-
gli vaticinio, calmò i suoi terrori, e lo ritenne
da una precipitata risoluzione; e gli fece riflettere
che potea menare una vita innocente anche conser-
vando la sua libertà, e coltivando l' amena letteratura, e ritenendo la sua biblioteca, quantunque copiosa d' autori profani, con fare di essi buon uso,
come tanti santissimi uomini, e gli stessi padri e
dottori della chiesa avevano in ogni età costumato.
Egli dunque cedendo a sì prudente consiglio invece
di seppellirsi in un eremo si contentò di vestire l'
abito clericale, e di riformare la propria condotta
con principj di morigeratezza e di cristiana pietà.
Per distraersi possibilmente dalle terrene immagini, di
cui gli aveva ingombra la fantasia il riferito terribile
annunzio, si arrese per avventura ai replicati inviti di
Niccolò Acciajuoli Fiorentino, gran Siniscalco del regno di Napoli, splendido Mecenate de' letterati, e
letterato egli stesso. Si trasferì dunque Boccaccio
a quella corte, ma ben tosto se ne dipartì mal contento. Il suo carattere non era idoneo nè a rendere
lui accetto alla Corte, nè la Corte accetta a lui. Accen-
na egli stesso nel più volte citato Filocopo, che il suo
amor proprio non gli permetteva in verun modo di lusingare l' ambizione de' grandi, e molto meno di sa-
grificare le sue inclinazioni o i suoi sentimenti allo scopo comunemente vagheggiato di piacere ai medesimi. Il lenitivo, che sperimentò più vantag-
gioso alle piaghe del cuore, quello fu di ricoverar-
si nella solitudine del suo Certaldo, ove fece assai
lunga dimora negli ultimi anni della sua vita, con-
versando con se medesimo, e coltivando gli eserci-
zj della religione e della letteratura. Qui compì

ancora la sua terrestre carriera ai 21. di Dicembre
del 1375. in età d' anni sessantadue per fiero male
di stomaco stemperato già dall' assidua fatica non
solo in comporre , ma in ricopiare un gran numero
di codici .

Esiste ancora in Certaldo la casa , in cui egli abitò . Ne' secoli a lui posteriori la sovrana famiglia
de' Medici , che onorava il letterario merito non solo ne' vivi , ma ancora ne' trapassati , perchè appun-
to l' esempio di questi servisse di stimolo ai primi ,
quella magnanima famiglia , dissi , fece apporre il
proprio stemma alla mentovata casa , e incidervi sotto il seguente distico :

Has olim exiguas coluit Boccatius ædes ,
Nomine qui terras occupat , astra , polum .

Non pochi autori avevano alquanto prima ancor
di Boccacio scritto in prosa Italiana con proprietà ,
e con nitidezza di espressioni , e fatto acquistare alla lingua nostra un' indole , un colore suo proprio
consistente in una certa schiettezza e candore non
disgiunto da soavità . Ma ciò nondimeno al solo Boccacio era riserbata la gloria di condurre alla perfezione la nostra prosa , e di ottenere il vanto del
più eloquente tra gl' Italiani , singolarmente nell'
opera del Decamerone , la quale contiene , come
ognun sa , cento novelle raccontate in una villet-
ta amena da festevol brigata , la quale si era colà ri-
parata dagli orrori della pestilenza , che desolava la
bella Firenze nell' anno 1348. Ma noi non sapremmo
meglio individuare i molti pregj , che abbelli-
scon quest' opera , che servendoci delle parole dell'
acuto grammatico Buonmattei : *Ma che diremo ,*
scrive egli , *della soprumana eloquenza del non*
mai appieno lodato e celebre Boccaccio ? Io per

me credo, che se Demostene e Cicerone avesse-
ro potuto veder le sue prose, non si sarebbero
(o io m' inganno) sdegnati di leggerle e ri-
leggerle con celebrarle poi, com' una delle finis-
sime Opere, ch' abbia l'. arte del dire. E se alcuno sentisse di lui altrimenti, dicami per grazia egli stesso che manca in materia d' invenzione, e d' eloquenza a quella inimitabile opera delle Novelle? A me par che non le manchi altro,
ch' esser letta più volte, ed esser letta non per
quella curiosa dolcezza d' idee; di che son piene
quelle ghiottissime favole, ma per l' esquisitezza
del dire, per la sceltezza de' vocaboli, per la copia delle frasi, per la vivezza de' concetti, per l'
osservanza del decoro, e sopra tutto per la piuttosto prodigiosa che naturale invenzione. Invenzione tale che voi avete in quel suo libro l' idea
di tutti i generi, di tutti gli stili, di tutte le maniere, che vi possano venire a bisogno, perchè
dalla lettura di quello si può facilmente cavare
affettuose tragedie, graziose commedie, acutissi-
me satire, utilissime storie, orazioni di tutta ef-
ficacia.

Il Manni nella *Storia del Decamerone* ha lungamente mostrato, che le Novelle di Boccaccio sono pressochè tutte fondate su veri fatti, benchè poi
gli abbia abbelliti, e anche travolti come tornava-
gli più in acconcio. Ma o veri o falsi che sieno cotali racconti, egli è certissimo che quanto la poesia
italiana dee al Petrarca, altrettanto dee al Boccaccio
la prosa; e le sue Novelle per l' eleganza dello stile, per la sceltezza delle espressioni, per la natura-
lezza de' racconti, per la eloquenza delle parlate in
esse inserite, son reputate a ragione uno de' più

perfetti modelli del colto e leggiadro stile Italiano.
Così non le avesse egli sparse di racconti osceni, e
d' immagini disoneste, e di sentimenti che offendo-
no la pietà e la religione di chè poscia egli stesso
n' ebbe pentimento e vergogna, come ne scrisse a
Mainardo de' Cavalcanti Maresciallo di Sicilia.

Oltre il Decamerone scrisse il Boccaccio altre opere di prosa Toscana, tutte al paro di esso d' argomento amoroso e romanzesco, che noi ora verremo
partitamente enumerando.

Il Filocopo, detto ancora Filocolo, ovvero amorosa fatica, cioè il libro degli amori di Florio e
di Biancafiore. Filocopo significa amator di fatica.
Egli 'l compose ad istanza della sua Fiammetta. Offre uno stravagante miscuglio di cose cristiane e
pagane.

La amorosa Fiammetta, nella quale si contengono i dolori, i litigj, i piaceri, che in amore si pro-
vano. Questo è un Romanzo, in cui la Fiammetta
narra gli strani effetti della dolorosa sua passione d'
amore per la lontananza del suo caro Panfilo, e in
cui si vuole che Boccaccio abbia voluto parlare
de' suoi amori, come si è già osservato.

Il Labirinto d' Amore, o sia il *Corbaccio*, nel
quale il nostro autore descrisse i proprj amori, in-
serì molte oscenità, e disse molto mal delle donne;
motivi tutti, che fecero, che alcuni stimassero quest' opera al pari del Decamerone.

L' Ameto, o sia *Commedia delle Ninfe Fiorenti-
ne*, opera composta di prosa e di versi, della quale maniera mista fu inventore Boccaccio. Questo
genere di comporre ha fatto poca fortuna in Italia;
moltissima in Francia.

Tutte queste opere, alcune delle quali furono an-

che lavoro della provetta età dell' autore, sono di
presente cadute nella trascuranza e nell' obblivione.
L' argomento nulla offre d' interessante; la locuzio-
ne poi vi è sì ricolma di contorsioni, e di affettate
espressioni e maniere, che non si può leggerne
una pagina sola senza stanchezza Quindi rimango-
no esse anche pei pregj della dizione di gran lunga inferiori al Decamerone, benchè dica il loro padre comune di avere scritto quest' ultimo in *istile
umilissimo*. Ciò diede occasione a Baldassar Casti-
glione di osservare, che il Boccaccio *assai meglio
scrisse, quando si lasciò guidar solamente dall'
ingegno ed istinto suo naturale, senz' altro stu-
dio o cura di limare i suoi scritti, che quando con diligenza e fatica si sforzò d' esser più
culto e castigato: Perciò i medesimi suoi fau-
tori affermano, ch' esso nelle cose sue proprie
molto s' ingannò di giudizio, tenendo in poco
quelle che gli hanno fatto onore, ed in molto
quelle che nulla vagliono*. Ciò nondimeno anche
nella scelta dei vocaboli da lui usati nel Decamerone si scopre qualche ricercatezza, la quale diviene
assai più sensibile in quegli scrittori eziandio del nostro secolo, che l' hanno voluto incautamente prendere per esemplare.

Abbiamo di lui parimenti li seguenti poemi italiani; ma in essi non fece gran riuscita, quantunque
si fosse applicato appassionatamente alla poesia. Non
bisogna però credere che manchino di molte e sin-
golari bellezze, specialmente riguardo all' invenzione,
ed alla lingua; e che al paragone degli altri del suo
tempo sieno molto inferiori. Ci ha lasciato adunque
in poesia.

Il Ninfale Fiesolano, per lo quale il Sig. Can.

Moreni nella sua Bibliografia storica della Toscana
dice esservi opinione, che in questo poema Boccaccio descrivesse sotto il velame di poetica finzione un
fatto seguito ne' tempi suoi ne' contorni di Firenze,
e che i due rivi Mensola ed Affrico, che nascono
nelle colline di Fiesole, sieno serviti di fantastico
pensiero del presente poema, in cui fingendo l' in-
namoramento d' Affrico e di Mensola, per li loro
amorosi accidenti morissero, e trasformati fossero in
due rivi.

Il Filostrato: questo poema, siccome quello della *Teseide*, fu scritto da Boccaccio in lode della sua
Fiammetta, sotto il qual nome vuolsi intendere la
bella Maria, figlia naturale del Re Roberto di Napoli, della quale egli era ferventemente innamorato.

L' Amorosa Visione, nella quale si contengono
cinque Trionfi, cioè quello di Sapienza, di Gloria,
di Ricchezza, d' Amore, e di Fortuna.

La Teseide, scritta come si è detto in laude
della bella Maria. Questo è il più celebre poema
fra quelli del nostro autore.

A lui anche si attribuiscono la *Ruffianella*, poema lascivo, e la *Geta e Birria*, favola; ma con poco fondamento.

Il Boccaccio scrisse inoltre in latino non poche
Egloghe, ma con riuscimento sciaguratamente eguale a quello delle sue rime italiane. Meritano maggior considerazione le sue opere di prosa latina, e
son le seguenti: *Della Genealogia degli Dei: Degli avvenimenti degli uomini e delle donne illu-
stri: Delle preclare donne: Dei nomi dei monti,
delle selve, dei fiumi, dei laghi, dei mari ec.*
L' erudizione, che in esse si trova, è sorprendente
pei tempi, in cui visse, i quali penuriavano gran-

demente di letterarj sussidj. È più sorprendente
ancora, ch' egli abbia potuto tanti libri comporre,
e tanti libri trascrivere in una non lunga età, e in
mezzo alle distrazioni degli affari e de' piaceri.
Da ciò dobbiamo conchiudere, ch' ei fu dotato di
vasto e vivacissimo ingegno, e di non minor diligenza per coltivarlo.

Innumerevoli sono le edizioni, che si son fat-
te del Decamerone, principale opera di Boccaccio,
e senza alcun fallo la primaria fra le prose Toscane. Colui che fosse curioso di saperne le migliori
edizioni, potrà consultare la *Serie de' Testi di Lingua posseduta da Gaetano Poggiali. Livorno* 1813.
Varie anche sono state le edizioni dell' altre opere
del nostro autore sì in prosa, che in verso: ma ciò
che a questo proposito sembrami notabile si è, che
unica finora è stata l' edizione di tutte le sue opere
riunite, la quale fu fatta in sei volumi in Napoli
con la falsa data di Firenze nel 1723. e 1724. per
opera del Signor Lorenzo Ciccarelli insigne letterato
Napolitano. È oggigiorno divenuta assai rara questa raccolta, e sarebbe, a mio credere, lodevole in-
trapresa riunire in un corpo tutte le Opere del famoso Boccaccio, le quali sono in gran parte i primi
fondamenti del nostro linguaggio.

ERRORI.			CORREZIONI.
Pag. 13 Lin.	16	*Contra Romani*	*Contra' Roman*
29	13	*La man*	*l' alma*
39	28	*aveva*	*avea*
40	15	*nè fia*	*ne fia*
—	26	*chiaro*	*chiar*
61	28	*disio ,*	*disia*
69	22	*prima*	*pria*
71	20	*diella lei*	*diell' a lei*
84	28	*potere*	*poter*
90	17	*di*	*da*
91	6	*lui*	*cui*
94	21	*effreneta*	*effrenata*
96	34	*Settino*	*Potino*
97	9	*Cesar*	*Cordo*
—	11	*Onde un*	*Onde*
100	9	*entrò*	*entro*
117	2	*e Olea*	*Eoléa*
119	21	*estima*	*estimava*
120	21	*accendava*	*accendeva*

DELL' AMOROSA VISIONE

CANTO I.

———◆●●◆———

Move nuovo disio la nostra mente,
Donna gentile, a volervi narrare
Quel che Cupido graziosamente
  In vision li piacque dimostrare
All' alma mia per voi, bella, ferita
Con quel piacer che ne' vostri occhi appare.
  Recando adunque la mente smarrita
Per la vostra virtù pensieri al core,
Che già temea della sua poca vita,
  Accese lui di sì fervente ardore,
Che uscito di se la fantasia
Subito entrò in non usato errore.
  Ben ritenne però il pensier di pria
Con fermo freno, e oltra ciò ritenne
Quel che più caro di nuovo sentia.
  In ciò vegghiando ne' membri mi venne
Non usato sospiro tanto soave,
Che alcun di loro in se non si sostenne.
  Lì mi posai, e ciascuno occhio grave
Al sonno diedi, per lo qual gli aguati
Conobbi chiusi sotto dolce chiave.

3

Così dormendo , in su liti salati
Mi vidi correr , non so che temendo
Pavido e solo in quelli abbandonati ,
  Or quà or là nullo ordine tenendo ,
Quando Donna gentil piacente e bella
M' apparve umil pianamente dicendo :
  Se questo luogo solo è gire a quella .
Somma felicità , che alcuno dire
Non potè mai con intera favella ;
  Abbandonar ti piace il mio seguire ,
Ti poserà in sì piacente festa ,
Ch' avrai sicuro e pieno ogni disire .
  Fiso pareva a me rimirar questa ,
E ascoltare intento sue parole ;
Quando s' alzò alla sua bionda testa ,
  Ornata di corona , più che sole
Fulgida , l' occhio mio ; e mi parea
Il suo vestire in color di viole .
  Ridente era in aspetto , e mantenea
Reale scettro , e un bel pomo d' oro
La sua sinistra vidi sostenea ;
  Sopra 'l piè grave non sanza dimoro
Moveva i passi , e Lei tacendo , ed io
Pensato di volere suo ajutoro ;
  Ecco (risposi) Donna , il mio disio
È di cercar quel ben , che tu prometti ,
Se a' tuoi passi di dietro m' invio .
  Lascia (diss' ella) adunque i gran diletti ,
E seguira'mi verso quella altura ,
Ch' opposta vedi quì a' nostri petti .
  Allor lasciar pareami ogni paura ,
E darmi al tutto a seguitar costei ,
Abbandonando la strana pianura .
  Poichè salito fui dietro a costei

Con gioi' per molto spazio il viso alzai ,
Istato basso in fin lì verso i piei .

Rimirandomi avanti mi trovai
Venuto a piè d' un nobile castello ,
Sopra al sogliar di quello i' mi fermai .

Egli era grande e altissimo e bello ,
E spazioso , avvegna che alquanto
Tenebroso paresse entrando in quello .

Siam noi ancora là dove cotanto
Ben mi prometti , Donna graziosa ,
Di dovermi mostrar , diss' io in tanto ?

Ed ella allora ; Più mirabil cosa
Veder vuoi prima , che giunghi lassuso ,
Dove l' anima tua fia gloriosa .

Noi cominciammo pur testè quaggiuso
Ad entrar a quel ben : quest' è la porta ,
Entra sicuro omai nel cammin chiuso .

Tosto ti mostrerò la via scorta ,
Per la qual sia ad andarvi diletto ,
Se non ti volta coscïenza torta .

E io : Adunque andiam , che già m' affretto ,
Già mi cresce il disio , sicch' io non posso
Tenerlo ascoso più dentro nel petto :

Vedi com' i' mi son sicuro mosso ,
Vedi ch' i' vengo e trascorro di voglia ,
D' ogni altra cura nella mente scosso .

Ir si conviene quì di soglia in soglia
Con voler temperato ; che chi corre
Talor tornando convien che si doglia .

Sì era il suo dir vero , che apporre
Non contro a darvi io non are' potuto ,
Nè dal piacer di Lei potuto torre ,

In ciò ancor ch' i' avessi saputo .

CANTO II.

O somma e grazïosa intelligenza ,
Che muovi il terzo cielo , o santa Dea ,
Metti nel petto mio la tua potenza :

Non sofferir che fugga , o Citerea ,
A me lo 'ngegno all' opera presente ,
Ma più sottile e più in me ne crea .

Venga il tuo valor nella mia mente ,
Tal che 'l mio dir d' Orfeo risembri il suono ,
Che mosse a racquistar la sua parente .

Infiamma me tanto più ch' i' non sono ,
Che 'l tuo ardor , di ch' io tutto m' invoglio ,
Faccia piacer quel dì che io ragiono .

Poi che condotto m' ha a questo soglio
Costei , che cara seguir mi si face ,
Menami tu colà ov' io ir voglio ;

Acciocch' e' passi miei , che van per pace
Seguendo il raggio della tua stella ,
Vengano a quello effetto , che ti piace .

Ragionando con tacita favella
Così m' andava nel nuovo sentiero ,
Seguendo i passi della Donna bella .

Ruppe tal parola nuovo pensiero ,
Ch' un muro antico nella mente mise ,
Apparitoci avanti tutto intero .

Allor la bella Donna un poco rise ,
Me stupefatto e d' ammiragion pieno
Veggendo , e disse : Forse tu divise

Del cammin nostro , che qui venga meno ,
O s' è più : non vedi da quel loco
Li passi nostri su salir porriéno ?

Oltre convien che venghi ancora un poco :
E io mostrando , là vedrai la via

Che ci merrà al grazïoso gioco .

Non fummo guari andati . che la pia
Donna mi disse : Vedi quì la porta ,
Che la tua alma cotanto disia . .

Nel suo parlar mi volsi , e poi che scorta
L'ebbi , la vidi piccoletta assai ,
Istretta e alta , in niuna parte torta .

A man sinistra allora i' mi voltai ,
Vogliendo dir , chi ci potrà salire ,
O passar dentro , che par che giammai

Gente non ci salisse ? E nel mio dire
Vidi una porta grande aperta stare ,
E festa dentro mi ci parve udire .

E dissi allora : Di qua fia meglio andare
Al mio parere , e credo troveremo .
Quel che cerchiam , che già udir me 'l pare .

Non è così (rispose) ma andiamo
Su per la scala , che tu vedi stretta ,
E 'n sulla sommità ci poseremo .

Tu guardi là , e forse ti diletta
Il cantar , che tu odi , il qual piuttosto
Pianto si dovria dire in lingua retta .

Il corto termine alla vita posto
Non è da consumare in quelle cose ,
Che 'l bene eterno ci fanno nascosto .

Levarsi ad alto alle glorïose
Utilemente s' acquista virtute ,
Che lascia le memorie poi famose .

E stu non credi forse ch' a salute
Questa via istretta merrà , alza la testa ,
Ve' che dicon le lettere scolpute .

Alzai allora il viso , e vidi . Questa
Piccola porta mena a via di vita ,
Posto che paja nel salir molesta :

Riposo è bono da cotal salita .
Dunque salite su sanza esser lenti ,
L' animo vinca la carne impigrita .

  I' dissi : Donna , molto mi contenti
Col ver parlar , che tua bocca produce ,
E più m' accertan le cose parventi ,

  Guardando quelle ; ma dimmi , che luce
È quella che io veggio là entro ora ,
Perchè in questa così , così non luce ?

  Voi che nel mondo state , vostra mora
Fate in un loco tenebroso e vano ,
E però gli occhi alla dolce aurora

  Alzare non potete a mano a mano ,
Che voi di quella uscite , a veder quanta
Sia la chiarezza del fattor Sovrano :

  Rompesi poi la nebbia che v' ammanta
Quando ad entrar nel vero incominciate ,
E conoscete poi la luce santa .

  Dirizza i piedi alle scale levate :
Su non sarai , che vie maggior chiarezza
Vedrai , ch' ella non è mille fiate ,

  Adunque che fia in capo dell' altezza ?

CANTO III.

Ristata era la Donna del parlare ,
E rimirava ch' io entrassi dentro
Di rietro a Lei che già volea montare .

  Sed e' vi piace , prima andiam là entro ,
(Diss' io a lei) e quella : Tu disii
Ruinare con doglia al tristo centro .

  I' dico infino a quì , se là t' invii
In cose vane , l' anima disposta
A bene ovrar , convien che si disvii .

Pon lo 'ntelletto alla scritta , ch' è posta
Sopra l' alto arco della porta , e vedi
Come 'l suo dar val poco , e molto costa.
　　Ed io allora a guardarmi diedi
La scritta in alto , che pareva d' oro ,
Tenendo ancora in là voltati i piedi .
　　Ricchezza , degnità , ogni tesoro ,
Gloria mondana copïosamente
Do a color , che passan pel mio coro :
　　Lieti li fo nel mondo , similmente
Do quella gioja , che Amor promette
A color , che senton suo arco pugnente .
　　Or hai vedute , e amendune lette
Le scritte , e vedi chi maggior promessa ,
E più util fa ; dunque che aspette ?
　　Non istiam più omai , che 'l tempo cessa ,
Il perder quello spiace a' più saputi ,
Adunque omai sagliam (mi dicev' essa) .
　　Ver è , Donna gentil , ch' i' ho veduti ,
(Risposi) iscritti i don , però vedere
Vorre' provando quai son posseduti .
　　Ogni cosa dello mondo sapere
Non è peccato , ma la iniquitate
Si dee lasciare , e quel ch' è ben , tenere .
　　Venite adunque qua , che pria provate
Deono essere le cose leggieri ,
Ch' entrare in quelle ch' han più gravitate .
　　Ora che siamo quasi ne' sentieri ,
Andiam , vediamo questi ben fallaci :
Più caro fia poi l' affannar pe' veri .
　　Se tu sapessi quanto son tenaci ,
E quanto e' traggon l' uom di via dritta ,
Non parleresti , siccome tu faci .
　　Toglianci quinci (disse) che già fitta

Veggo la mente tua , se più ci stai ,
A quel che dice la seconda scritta .
    Il che lasciar a chi il prende , mai
Impossibil pare , in fin che si more ,
E per que' va poi agli eterni guai .
    La Donna giva già , ed ecco fore
Della gran porta due giovani uscire ,
L' uno era corto , e bianco in suo colore ,
    E l' altro rosso , e incominciaro a dire :
Dove cercando vai gravoso affanno ?
Vien dietro a noi , se vogli il tuo disire .
    Sollazzi e festa , come molti fanno ,
Qua non ti falla , e poi il salir suso
Potrai ancor nell' ultimo tuo anno .
    Il luogo è chiaro e di tenebre schiuso ;
Vien , vedi almeno , e salira'ten poi ,
Se ti parrà nojoso esser quaggiuso .
    Piacevami il dir loro ; e già , con voi ,
Dir voleva , io verrò : ma mi diceva
Colei : Lascia costoro , andiam su noi .
    E pella destra man preso m' aveva ,
Seco tirando me in su , e l' uno
La mia sinistra , e l' altro ancor teneva .
    Ridendosene insieme , e ciascheduno
Tirandomi diceva : Vienne , vienne ,
Cerchi sola costei il cammin bruno .
    Lì d' una parte e d' altra mi ritenne
L' esser tirato , dond' io : Ben sapete ,
(Volto alla Donna) che io non ho penne
    A poter su volar ; come credete ,
Non potrei sostener questi travagli ,
A' quai dispormi subito volete .
    Fermati (allor mi disse) tu t' abbagli
Nel falso immaginar , e credi a questi ;

Ch' a dritta via son pessimi serragli .
 A trarti fuor d' errore , e di molesti
Disii discesi , e per voler mostrarti
Le vere cose , che prima chiedesti .
 Nè mai avrei lasciato d' ajutarti
Col mio veder nelle battaglie avverse ,
Ma poich' ad altro t' è piaciuto darti
 Trova il cammin dell' opere perverse ,
Ch' io non ti lascérò ., mentre che io
Vedrò non darti tra quelle diverse
 A voler seguitar bestial disio .

CANTO IV.

 Seguendomi la Donna , com' io Lei
Pria seguitava , co' due giovinetti
A man sinistra volsi i passi miei ;
 Intra lor due noi due ristretti ,
E con più spesso passo n' andavamo
A riguardare i miè cari diletti .
 Andando in tal maniera no' entravamo
Per la gran porta insieme con costoro ,
In una gran sala ci trovavamo .
 Chiara era , e risprendente d' oro ,
D' azzurro di color tutta dipinta
Maèstrevolemente il suo lavoro .
 Umana man non credo che sospinta
Mai fosse a tanto ingegno , quanto in quella
Mostrava ogni figura lì distinta :
 Eccetto se da Giotto , al quale la bella
Natura parte di se somigliante
Non occultò nell' atto , in che suggella .
 Noi ci trovammo nella sala avante
Quasi nel mezzo d' essa , e quivi istando

Vedevam le figure tutte quante .

 Ella era quadra ; ond' io che riguardando
Gia per tutto , dirizzai il viso
Ver l' una delle faccie in piede stando .

 Là vid' io pinta con sottil diviso
Una Donna piacente nello aspetto ,
Soave sguardo aveva e dolce riso .

 La man sinistra teneva un libretto ,
Verga real la destra , e' vestimenti
Porpora gli estimai nello 'ntelletto .

 A piè di lei sedeva molte genti
Sopra un fiorito e pien d' erbette prato ,
Alcuno meno e alcuno più accellenti .

 Ma dal sinistro e dal suo destro lato
Sette Donne vid' io dissimiglianti
L' una dall' altra in atto e in parato .

 Elle eran liete , e lor letizia in canti
Pareami dimostrassono , ma io
Con l' occhio alquanto più mi trassi avanti .

 Nel verde prato a man destra vid' io
Di questa donna in più notabil sito
Aristotile star con atto pio ,

 Tacito riguardando in se unito
Pensoso mi pareva , e poi appresso
Isocrate sedea quasi ismarrito .

 Eravi quivi ancor Platon con esso
Melisso , Anassimandro v' era , e Tale
E Speusippo lei mirando spesso .

 Eraclito ancora , e Socras il quale
In abito mostrava d' aver cura
Ancora di sanare il mondan male .

 Ivi sedea con semblanza pura
Galeno , e con lui era Zenone ,
E 'l Geometra ch' a diritta misura

Mosse lo 'ngegno , sicchè con ragione
Oggi s' adovra seguendo suo stile ,
E dopo lui Democrito , e Solone .
  Insieme con costoro in atto umile
Si sedea Tolomeo , e speculava
I ciel con intelletto assai sottile ,
  Riguardando una spera che lì istava
Ferma davanti , e Tebico con lui ,
E Abracis ancora in ciò mirava .
  Averrois , e Fedon dopo lui
Sedevan rimirando la bellezza
Di quella Donna che onora altrui .
  Anassagora ancor quella chiarezza
Mirava fiso insieme con Timeo ,
Mostrando in atto di sentir dolcezza .
  Dioscoride ancor v' era , e Orfeo ,
Ambepece , e Temistio , e poi un poco .
Esiodo , e Almo , e Timocheo .
  O quanto quivi in grazioso gioco
Pittagora onorato si vedea ,
E Diogene in sì beato loco .
  Vie dopo questi ancora mi parea
Seneca riguardando ragionare
Con Tullio insieme , che con lui sedea .
  Innanzi a loro un poco , ciò mi pare ,
Parmenide sedea , e Teofrasto ,
Lieto ciascun della Donna mirare .
  Vestito d' umiltà pudico e casto
Boezio si sedeva , ed Avicenna ,
E altri molti , i qua' s' a dir m' adasto ,
  Non fosse troppo rincrescevol pena
Dubbio , ò Lettor ; però mi taccio omai ,
E dirò di color , che seco mena
  Dalla man manca , dov' io mi voltai .

CANTO V.

Io dico che dalla sinistra mano
Di quella Donna vidi un' altra gente ,
L' abito della qual non guari strano
  Sembrava di color , che primamente
Contati abbiam , benchè la vista loro
Si stenda ver le Donne più fervente .
  Vergilio Mantovan , che tra costoro
Conobb' io quivi più ch' altro esaltato ,
Siccome degno per lo suo lavoro ,
  Demostrava nell' atto che a grato
Gli eran le sette Donne , per le quali
Sì altamente avia già poetato ;
  La ruina di Troja , e i suoi mali ,
Di Dido , e di Cartagine , e d' Enea ,
Lavorar terre , e pascer animali
  Trattar negli atti suoi ancor parea .
Omero , Orazio quivi dopo lui ,
Ciascun mirando quelle si sedea .
  A' quai Lucan seguitava , ne' cui
Atti parea ch' ancora la battaglia
Di Cesare narrasse , e di colui
  Magno Pompeo chiamato , che 'n Tessaglia
Perdè il campo , e quasi lagrimando
Mostra che di Pompeo ancor gli caglia .
  Eravi Ovidio , lo qual poetando
Iscrisse tanti versi per amore ,
Come acquistar si potesse mostrando .
  Non guari dopo lui fatt' era onore
A Giovenal , che ne' su' atti ardito
A mondar falli ancor facea romore .
  Terenzio dopo lui aveva sito
Non men crucciato , e Panfilo , e Pindaro ,

Ciascun per se sopra 'l prato florito .
  E Stazio di Tolosa ancora caro
Quivi pareva avesse l' aver detto
Del Teban male , e del suo pianto amaro .
  Bello uom' tornato di asino soletto
Si sedeva Apolegio , cui seguiva
Varo , e Cicilio lieti nello aspetto .
  Euripide mi par che poi veniva ,
Antifone , Simonide , ed Archita
Parea dicesser ciò , ch' ognun sentiva
  Lì di diletti , e di gioconda vita
Insieme ragionando , e dopo questi
Sallustio quasi in sembianza smarrita
  Là parea che narrasse de' molesti
Congiuramenti , che fe' Catelina
Contra Romani , ch' a lui cacciar fur presti .
  Al qual Vegezio quivi s' avvicina ,
Gaudino , Persio , ed Agatone ,
E Marziale in vista non meschina .
  L' antico e valoroso buon Catone
Quivi era nel sembiante assai pensoso ,
Tenendo con Antigono sermone .
  E vago ne' suoi atti di riposo
Da una parte mi parve vedere
Quel Livio , che fu sì copioso .
  Guardando que che 'nnanzi a se sedere
Tanti vedea , nello aspetto contento
D' avere scritte tante storie vere .
  Geloso di cotal contentamento
Valerio appresso parea che dicesse :
Breve mostrai il mio intendimento .
  Ivi con lor mi parve ch' io vedesse
Paolo Orosio stare , e altri assai ,
De' quà non v' era alcun ch' i' conoscesse .

Allora gli occhi alla Donna tornai ,
A cui le sette d' avanti e d' intorno
Stavan tutti in atti lieti e gai .
 Dentro del coro delle donne adorno
In mezzo di quel loco , ove faciéno
Li savi antichi contento soggiorno ,
 Riguardando vid' io di gioja pieno
Onorar festeggiando un gran poeta ,
Tanto che 'l dire alla vista vien meno .
 Aveali la gran Donna mansueta
D' alloro una corona in sulla testa
Posta , e di ciò ciascuna altra è raccheta .
 E vedendo io così mirabil festa
Per lui raffigurar mi fe' vicino ,
Fra me dicendo , gran cosa fia questa .
 Trattomi così innanzi un pocolino
Non conoscendo , la Donna mi disse :
Costui è Dante Alighier Fiorentino ,
 Il qual con eccellente stil vi scrisse
Il sommo Ben , le pene , e la gran morte :
Gloria fu delle Muse mentre visse ,
 Nè quì rifiutan d' esser sue consorte .

CANTO VI.

Al suon di quella voce graziosa ,
Che nominò il Maestro , dal quale io
Tengo ogni ben , se nullo in me se 'n posa .
 Benedetto sia tu , eterno Iddio ,
Ch' hai conceduto ch' io possa vedere
In onor degno ciò ch' avea in disio .
 Incominciai ancora , nè potere
Aveva di partir gli occhi da loco ,
Dove parea il signor d' ogni savere ,

Tra me dicendo : Deh perchè il foco
Di Lachesi per Antropo si stuta
In uomo sì eccellente , o dura poco ?

Viva la fama tua , o ben saputa
Gloria di Fiorentin , da' quali ingrati
Fu la tua vita assai mal conosciuta !

Molto si posson riputar beati
Color , che già ti seppero , e colei
Che 'n te si 'ncinse , onde siam avvisati .

I' riguardava , e mai non mi sarei
Saziato di mirarlo , se non fosse
Che quella Donna , che i passi miei

Dentro con que' due insieme mosse
Mi disse : Che pur miri ? Forse credi
Rendergli col mirar le morte posse ?

E c' è altro a veder , che tu non vedi ?
Tu hai costì veduto ; volgi omai
Gli occhi a que' del mondan romore eredi ;

I quali , quando riguardati avrai
Di quinci andremo , che lo star mi sgrata .
A cui le dissi : Donna tu non sai

Neente , perchè tal mirar m' aggrata
Costui cui io miro , che se tu il sapessi ,
Non parleresti forse sì turbata .

Veramente se tu il mi dicessi
Nol sapre' me' (rispose quella allora)
Ma perder tempo è pur mirar ad essi .

Oltre passai sanza far più dimora
Con gli occhi a riguardar , lasciando stare
Quel ch' io disio rivedere ancora ,

Là dove a colei piacque che voltare
Io mi dovessi , e vidi in quella parte
Cosa ch' ancor mirabile mi pare .

Odi : che mai natura con sua arte

Forma non diè a sì bella figura :
Non Citerea allor ch' ell' amò Marte ,
  Nè quando Adon le piacque , con sua cura
Si fe' sì bella : quanto infra gran gente
Donna pareva sì leggiadra , e pura .
  Tutti lì soprastava veramente
Di ricche pietre coronata e d' oro ,
Nello aspetto magnanima e possente ,
  Ardita sopra a un carro tra costoro
Grande e trionfale , e lieta sedea ,
Ornato tutto di frondi d' alloro .
  Mirando questa gente in man tenea
Una spada tagliente , con la quale
Che 'l mondo minacciasse mi parea .
  Il suo vestire a guisa imperiale
Era , e teneva nella man sinistra
Un pomo d' oro intorno alla reale .
  Quindi sedeva e dalla sua man destra
Dui cavalli , che col petto forte
Traeano il carro infra la gente alpestra .
  E intra l' altre cose , che iscorte
Quivi furon da me intorno a questa
Sovrana Donna , nemica di morte ,
  Nel magnanimo aspetto fu , ch' a sesta
Un cerchio si movea grande e ritondo
Da piè passando a lei sopra la testa .
  Nè credo , che sia cosa in tutto 'l mondo
Villa , paese dimestico , o strano ,
Che non paresse drento da quel tondo .
  Era sopra costei , e non è invano ,
Scritto un verso , che dicea leggendo :
I' son l' aguglia del popol mondano .
  Così mirando questa provedendo
Ciò che d' intorno , di sopra e di sotto

Le dimorava , e chi la già seguendo ,
   O lei mirava ; sanza parlar motto
Per lungo spazio in ver di lei sospeso
Tanto stett' io , che d' altra cura rotto
   Nella mente senti'mi : il viso steso
Diedi a mirar il popolo , che andava
Dietro a costei , chi lieto e chi offeso ,
   Siccome nel mio credere istimava :
E quivi più e più ne vidi , i quali
Conobbi , se 'l parer non m' ingannava ,
   Onde al disio di mirar crebbe l' ali .

CANTO VII.

   Tra gli altri che io vidi presso a questa
Fu Giano , ch' esser stato abitatore
Dell' Italici regni facea festa .
   Turbato nello aspetto , di furore
Pien seguiva Saturno , cui il figlio
Mandò mendico per esser signore .
   Il superbo Nembrot , ch' è 'l grande impiglio
In Senaar per voler gire a Dio ,
Stordito v' era sanza alcun consiglio .
   Lunghesso Fauno e Pico là vid' io
Seguire , e 'l gran Belo dopo loro
Mirando ognun la Donna con disio ,
   Elettra , ed Atalanta con costoro
Givano insieme , e dopo lor seguire
Italo vidi sanza alcun dimoro .
   Robusto si mostrava , e pien d' ardire
Dardano quivi con un freno in mano ,
E nello atto parea volesse dire :
   I' fui colui nel mondo primerano ,
Il qual col freno in Tessaglia domai

Il caval primo in uso ancora strano
   Mirabilmente, e sì ch' edificai
Prima quella città, che poscia Troja
Chiamaro i successor, ch' io vi lasciai.

   Appresso il qual mostrando in atto gioja
Seguia Sicul, che l' Isola del fuoco
Prima abitò in pace e sanza noja.

   Troilo ancora in quel medesmo loco
Coverto d' oro tutto risplendea,
Facendosi alla Donna a poco a poco.

   Rigido e fiero quivi si vedea
Nino, che prima il suo natural sito
Per battaglia maggior fe' che parea,

   Ancor che minacciasse in su pel lito.
E dopo lui seguiva la sua sposa
Con sembiante non men che 'l suo ardito:

   Così rubesta, e così furiosa
Vi si mostrava, come quando a lui
Succedette nel regno valorosa.

   Tameris seguitava, nello cui
Viso superbia saria figurata,
Cogli occhi ardenti spaventando altrui.

   Anfion poi con labbia consolata
Vi conobb' io al suon, dal cui liuto
Fu Tebe prima di murà cerchiata.

   Dietro a lui Niobe, il cui arguto
Parlar fu prima cagion del suo male,
E del danno de' figli ricevuto.

   Poi seguitava Danao, dal quale
L' antico popol Greco veramente
Trasse il suo principio originale.

   A cui di dietro quel Serse possente,
Che fe' sopra l' Esponto il lungo ponte,
Venia, freno all' orgoglio della gente.

Riguardando la Donna colla fronte
Alzata , venia Aziro poco appresso ,
Di cui l' opere furo altiere , e conte .

　Laumedon sen veniva dopo esso
Con molti successor dietro alle spalle ,
De' qua' giva Priamo oltre con esso .

　Anchise seguitava nel lor calle ,
Appresso il qual colui venia correndo ,
Che le due vide nella scura valle .

　Nello aspetto appar ch' ancor ridendo
Andasse di ciò , ch' elli avea fatto ,
Quando di Grecia si partì fuggendo .

　Dopo costui Enea seguia con atto
Pietoso molto , e non molta distante
Giulio Ascanio il seguiva ratto .

　O quanto ardito e fiero nel sembiante
Quivi pareva Ettor sopra un destriere ,
Tra tutti i suoi di molto oro micante .

　Bello e gentile nello aspetto a vedere
Era con una lancia in mano andando
Ver quella Donna lieto al mio parere .

　Risprendea quivi ancora cavalcando
Alessandro , che 'l mondo assalì tutto
Con forza , cui a se sotto recando ,

　Il qual con fretta voleva al postutto
Toccare il cerchio , ove colei posava ,
Cui questi disïavan per lor frutto .

　E' il Re Filippo , e Nettabor gli andava
Ciascuno appresso rimirando quella ,
E nello aspetto se nè glorïava .

　Venia in su un caval corrente e snello
Dario corucciato nello aspetto ,
E con sembiante dispettoso e fello ,

　E sanza aver di tale andar diletto .

CANTO VIII.

Mirando avanti con ferma intenzione
Vedermi parve quel Re eccellente,
Che fu sì savio, io dico Salamone.

Eravi ancor Sansone, che possente
Di forza corporal più ch' altro mai
Fu, che nascesse fra l' umana gente.

Nel riguardar più innanzi affigurai
Il viso d' Assalon, che più bellezza
Ebbe nel mondo, che altro giammai.

Tra questi pien d' orgoglio e di fierezza
Seguendo cavalcava Capaneo,
Che ne' suoi atti ancora Iddio sprezza.

Etiocle era quivi con Tidéo,
Adrasto Re pensante e doloroso
Del perder che d' intorno a Tebe feo.

Ancora sì mostrava il valoroso
Polinice; Broccardo il seguitava,
E Re Gordio, e Jasone animoso.

Di rietro al quale Pelleo cavalcava
Con quella lancia in man, che prima morte,
Poi medicina a sua ferita dava.

Veniva appresso vigoroso e forte
Achille col figliuol, che sì spiatata
Vendetta fe', quando l' antiche porte

Non serraron più Troja, che l' entrata
Avevan data al gran caval ripieno
Della nemica gente tutta armata.

Questo crudel sanza mezzo seguieno
Diomede e Ulisse, e ad aguati
Andare ancor pensando mi pariéno.

Vigoroso di dietro a loro armati
Patricolo veniva, e Antenore,

Ciascun cogli occhi ver la Donna alzati .
   Ercole v' era , il cui sommo valore
Lungo saria a voler ricitare ,
Perch' ebbe già d' assai battaglia onore .
   Anteo dipo' lui vi vidi istare ,
Ch' ancor parea , che 'n atto si dolesse
Di ciò , che già gli fe' Ercole provare .
   Veniva poi Minosse , come stesse
Ancor d' avanti a Atene tutto armato ,
Nè d' Androgeo parea più gli dolesse .
   O quanto d' ira parevá infiammato ,
D' ira , di mal talento Menelao
Seguendo Agamennon dal destro lato .
   Il qual seguiva poi Protesilao ,
Bello e grazioso nello aspetto ,
E doppo lui cavalcava Anfiarao ;
   Ch' e' suoi lasciò ad oste nel cospetto
Di Tebe , ruvinando a' dolorosi ,
Ch' hanno perduto il ben dello intelletto .
   Venivan dopo lui molti animosi ,
Insieme con Teseo Demofonte ,
Di toccar quella Donna disiosi .
   I qua' seguia con dolorosa fronte
Egeo , che per veder le vele nere
Si gittò in mar dall' alta torre sponte .
   Turno pareva quivi , che di vere
Lagrime avesse tutto molle il viso ,
Dogliendose del Trojan forestiere .
   Ed Eurialo ancora v' era , e Niso ,
Mostrandosi piagati , come foro
Ciascun di lor , l' un per l' altro conquiso .
   Non molto spazio poi dietro a costoro
Latino sen veniva a piccol passo ,
Pallante e Creso poi dopo loro .

Giarba veniva nello aspetto lasso,
Andandosi di Dido ancor dogliendo,
Perchè ad altro uom di lui fece trapasso.

Elena dopo lui portava ardendo
Di foco un gran tizzon; e pur costei
Miravan molti se stessi offendendo.

Oreste niquitoso dopo lei
Con un coltello in man seguiva fello,
Nell' atto minacciando ancor colei,

Del corpo a cui uscì, e poi dop' ello
Vien retro cantando Pantasilea
Lieta nel viso grazioso, e bello.

O quanto ardita e fiera mi parea
Armata tutta con uno arco in mano,
Con più compagne, ch' ella seco avea.

Non era lì alcun, che del sovrano
E altier portamento maraviglia
Non si facesse, tenendolo istrano.

Non molto dopo lei venia la figlia
Del Re Latino lieta, e dopo Jole,
Poi Dejanira con bassate ciglia,

Ch' ancora quivi d' Ercole si duole.

CANTO IX.

Movesi dopo queste quella Dido
Cartaginese, che credendo avere
In braccio Giulio, vi tenne Cupido:

Isconsolata giva al mio parere,
Chiama in boci ancora; Pio Enea,
Di me, ti priego, deggiati dolere.

Ancora, com' io vidi, in man tenea
Tutta smarrita quella spada aguta,
Che 'l petto le passò, che mi facea,

Essendole lontan , nella veduta
Ancor paura , non ch' a lei , ch' ardita
Fu dar di quella a se mortal feruta .
   Trista piangendo in abito smarrita ,
E come i can nella boce latrare
Ecuba vidi con poco di vita ,
   Con lei la mesta Polissena stare
Quivi parea in aspetto ancor sì bella ,
Che me ne fe' in me maravigliare .
   Qëta poi seguitava dop' ella
Piangendo a' Greci aver piaciuto mai ,
Quand' elli andar per le dorate vella .
   Vedevasi colei , che sentì guai
Ercole partorendo , dopo lei
Isifile dolente affigurai .
   In abito crucciato con costei
Seguia Medea crudele e spiatata ,
Che con voce parea dicere : Omei ,
   Se io più savia alquanto fossi istata ,
Nè sì avessi tosto preso amore ,
Forse ancor non sarei suta ingannata .
   Eravi ancor Cammilla , che 'l dolore
Della morte sentì per Turno , fuera
Mostrando ne' sembianti il suo vigore .
   Non molto dopo lei ancora v' era
Col capo basso e umil nel sembiante
Ilia Vestale vestita di nera ,
   Portando in ciascun braccio un piccol fante ,
Romulo e Remo amendue nomati ,
Traendo lor quanto poteva avante .
   Ratto tra gli altri di sopra contati ,
Si faceva Pironeo , che prima diede
Legge civile , acciò che ordinati
   E' suoi vivesser siccome si creda .

E dopo lui venia Numa Pompilio ,
Che lieta ne fe' Roma , com' si vede .
  Dop' esso cavalcava Tullio Ostilio ,
E Anco Marzio , e il Prisco Tarquino ,
E doppo lui seguia Tullio Servilio .
  Ivi Tarquino Superbo , e Collatino
Parian , e 'l Re Porsenna , che andando
Ferocemente seguia lor cammino .
  Seguivali Cornelio ancor mostrando
L' inarsicciata man , che uccise altrui ,
Che 'l core non volea netto fallando .
  Il valoroso Bruto , per lo cui
Ardir fu Roma dal giogo reale
Diliberata , seguiva , e con lui
  Orazio Cocle v' era , per lo quale
Tagliato il ponte a lui dietro alle spalle
Libera Roma fu dal Toscan male .
  Dietro veniva quel Curzio , ch' a valle
Armato si gittò per la fessura ,
In forse di sua vita , o di suo calle ,
  Intendendo a voler render sicura
Piuttosto Roma , e suo' abitatori ,
Che di se stesso aver debita cura .
  Seguia Fabrizio , che gli eccelsi onori
Più disiò , che posseder ricchezza
Avendo que' per più cari e maggiori .
  Eravi quel Metel , la cui fierezza
Di Giulio Tarpea tanto difese ,
Mostrando non curar la sua grandezza .
  Ragguardando oltre mi si fe' palese
Curio , che diede per consiglio ,
Ch' al presto sempre lo 'ndugiare offese .
  Vedevavisi Mario , che lo impiglio
Con Lucio Silla fe' nelle cittate ,

Mettendo a colpi il padre contro al figlio .
    E Iuba , ed Amilcare e Mitridate ,
Manastabal , e Codro v' era ancora ,
E poi Giugurta voto di pietate .
    Rigido nello aspetto vi dimora
Catellino , e pensando par che vada
Allo esilio , che 'n vista ancor gli accora .
    Evvi Clelia appresso , che la strada
Fece a' Romani , quand' ella si fuggio
Per lo Tevere in parte , u' non si guada ,
    Lo cui tornar Roma rinvigorio .

CANTO X.

    Ahi quivi fiero e orgoglioso quanto
Vi vid' io Annibal sopra un destriere ,
Ch' alli Roman levò riposo tanto ;
    Rubesto gli parea ancor tenere
Cartagine sub se col viso alzato
In ver la Donna andando a suo potere .
    Asdrubal gli era dal sinestro lato ,
Con non men di fierezza nello aspetto ,
Con una lancia cavalcando armato .
    Coriolan , che lo infiammato petto
Ebbe contra Romani , e giustamente ,
Quando leal caceiar lui per sospetto .
    Come vedendo quella umilemente ,
Che 'l genero pigliando la sua ira
A' prieghi suoi era quivi presente .
    Oltre cogli altri andavan ver la mira
Bellezza della Donna , dopo il quale
Come colui , che tristo ancor sospira
    Masinissa seguiva del suo male
A freno abbandonato cavalcando ,

Se stesso avendo poco a capitale .

  Allegro Cincinnato seguitando
L' andava ; e Persio poi come potea
Giocondo se nel sembiante mostrando .

  Nobile nello aspetto si vedea
Possente oltre venir intra costoro
Cesare , che in vista ancor ridea

  D' avere a forza avuto da coloro
Nome d' Impero , che real degnitate
Per istatuti avean cassa fra loro .

  Ornáto di bell' arme , incoronate
Le tempie avea di quelle fronde care ,
Che fur da Febo già cotanto amate .

  Mirabilmente bello a campeggiare
In uno scudo lo divino uccello
Nero nell' oro lì vidi , mi pare ;

  Ancora in una lancia un pennoncello ,
Che in man portava i' vidi , e simigliante
Vid' io quella ventilarsi in quello .

  Di quanti a lui ve n' andasser davante
Nullo ne fu , che tanto mi piacesse ,
Nè tanto valoroso nel sembiante .

  Appresso poi parea , che gli corresse
Volonteroso e sì forte Ottaviano ,
Che dentro al cerchio già parea ch' avesse

  Messa più che ne fu la destra mano ;
Bello era nello aspetto e grazioso
Quanto alcuno altro fosse mai mondano .

  A lui seguiva poi molto pensoso ,
Pallido nello aspetto il gran Pompeo ,
Tal che di lui mi fe' tornar pietoso .

  Mirando dietro a se a Tolomeo ,
Che il seguiva , cui fe' Re d' Egitto ,
Che poi uccider là vilmente il feo .

Allora Marco Antonio quivi ritto
Seguiva , e Cleopatra ancor con esso ,
Che in Cilicia fuggì sanza respitto ,

Ridottando Ottavian , perchè com' esso
Le parea forse aver sì fatta offesa ,
Che non sperava ma' perdon da esso ,

Ivi non potendo ella far difesa
Al foco , che l' ardeva forse il core
Di libidine e d' ira , ond' era accesa ,

A fuggir quello oltraggioso furore
Con due serpenti in una sepoltura
Sofferse sostener cotal dolore .

E ancora quivi nella sua figura
Pallida si vedieno i due serpenti
Alle sue zizze dar crudel morsura .

Prima che questi (credo) più di venti ,
Era il primo Affricano Iscipione ,
Ch' a Roma fe' con sua forza ubbidienti

Ritornar già con degna punizione
Que' di Cartago , che insuperbiti
Eran per Annibal lor campione .

Ivi Cornelia con sembianti smarriti
Seguia dietro a color , cui dissi suso ,
Ch' avanti a Scipion non erano iti .

E poi dopo ad essa cogli occhi in giuso
Trajan vidi venir , e dopo lui
Marzia col viso di lagrime infuso .

Giulia veniva poi dietro con lui
In atti riposati e mansueta ,
Quasi alle spalle di Cesar , di cui

Onesta sposa fu Calfurnia , lieta
Venia sanza parer , che disiasse
Altro veder che lui , e in lui queta

Ogni altra voglia , che la stimolasse .

CANTO XI.

Venia dopo costor gente gioconda
Ne' loro aspetti , tutti Cavalieri
Chiamati della Tavola Ritonda .

   Il Re Artù quivi era de' primieri ,
A tutti armato avanti cavalcando
Ardito e fiero sopra un gran destrieri .

   Seguialo appresso Bordo speronando ,
E con lui Prenzivalle , e Galeotto
In picciol passo insieme, ragionando .

   E dietro ad essi venia Lancellotto
Armato , nello aspetto grazïoso ,
Con una lancia in man sanza far motto ,

   Ferendo spesso il caval poderoso
Per appressarsi alla Donna piacente ,
Di cui toccar parevà disïoso .

   O quanto adorna quivi ed eccellente
A lato a lui, Ginevra seguitava
In su un palafreno orrevolmente .

   Stella mattutina somiglïava
La luce del suo viso , ove biltate
Quanta fu mai tutta si mostrava.

   Sorridendo negli atti di pietate
Piena , e parlando a consiglio segreto
Con tacite parole e ordinate :

   Era con que' , che già venisse lieto ,
Lunga fïata lei sanza misura
Amando , ben che poi n' avesser fleto .

   Non molto dietro ad esso con gran cura
Seguiva Galeotto , il cui valore
Più che altro di compagni sì figura .

   E lui seguiva Chedino ed Ettore
Di Mare , insieme con messer Süano

Disïosi e ciascun di più onore .
  L' Amoroldo d' Irlanda e Agravano ,
Palamides seguiva , e Lionello ,
E Polinoro con messer Calvano .
  Mordietto appresso e con lui Dodinello ,
E 'l buon Tristan seguiva poi appresso
Sopr' un cavallo poderoso e isnello .
  Isotta bionda a lato a lato ad esso
Venia la man di lui colla sua presa ,
E rimirandol nella faccia spesso :
  O quanto ella parea nel viso offesa
Dalla forza d' Amor , di che parea ,
Ch' avesse la man drento tutta accesa ,
  Di che negli atti fuor tutta luceva ;
Tu se' colui , ch' io sola disio .
(Timida nello aspetto gli dicea)
  In qua ti prego ch' alquanto , Amor mio ,
Tu ti rivolghi , acciò ch' io vegga il viso ,
Per cui veder cotal cammin m' invio .
  Dietro a costor sopra un cavallo assiso
Rubesto e fiero Brunoro venia ,
E altri molti , i quà qui non diviso ;
  Eran con lui : ma io la vista mia ,
Dopo la lunga schiera discendendo ,
Conobbi più mirabil baronia .
  Di porpore vestito oltre correndo
Quel Carlo Magno seguivan avante ,
Ch' al mondo fu cotanto reverendo .
  In su un forte e gran destrier ferrante
Ancora di trionfi coronato ,
Ch' egli acquistò sopra alle terre sante ,
  Fiero e ardito tutto quanto armato ;
Co' gigli d' oro nel campo cilestro ,
E 'l nero accel davanti nel dorato .

Erali Orlando da lato sinestro
Con una spada in man fiero e ardito,
E Ulivier lo seguiva dal destro.

Cavalcando tra questi oltre e pulito
Da Monte Alban Rinaldo giva avanti
Intra duo suoi frati reverito.

Tra lor era Dusnamo con sembianti
Lieti, e molti altri ancor v' eran, li quali
Io non potè conoscer tutti quanti.

Oltre veniva, che parea ch' avesse ali,
Il Duca Gottifredi po' costoro
Per voler d' esser par de' principali.

Appresso lui seguiva con coloro
Umilemente Ruberto Guiscardo,
Che fu Signor già in Terra di Lavoro.

Lui seguitava frontiero e gagliardo
Federigo Secondo, e 'l Barbarossa
Sopr' un forte roncion di pel leardo,

Cavalleroso e di persona grossa
Dietro sovra 'l destrier in atto altiero
Nel sembiante avvilendo ogni altra possa,

Via se ne giva per esser primiero.

CANTO XII.

Non sanza molta ammirazion mirando
M' andava riguardando quella gente,
Fra me di lor nuovi pensier recando:

Parevami nel creder veramente,
Che loro eccelsa fama gloriosi
Farli dovesse sempiternamente.

E fra gli altri che molto disiosi
Negli atti si mostravan di venire
A quella Donna per esser famosi,

Rubestamente in aspetto seguire
Armato tutto sopra un gran destriere
Vid' io quivi un grandissimo sire,

Vestito di cilestro al mio parere,
Lucente tutto di be' gigli d' oro,
Ch' ogni altra luce facea trasparere.

Ognun, qualunque fosse di coloro,
Che gian davanti, rimirando lui
Sì fiero, andavan fuggendo dimoro.

Se ben ricordo, e' mi parve costui
Quel Carlo Ardita, ch' ebbe il mastio naso
Insieme con virtù molta, da cui

Tutto il Pugliese Regno fu invaso,
E conquistato, e funne incoronato,
Del qual signore il suo seme è rimaso:

Rimirandosi innanzi quasi irato,
Con una spada che in man tenea
Da ogni parte sì facea far lato.

Appresso a lui al mio parer vedea
Il Saladin riprender tutto quanto
Entro ad un drappo ad or che 'n dosso avea.

Costui seguiva dal sinistro canto
Tutto armato Ruggier della Loria,
Che in arme ebbe già valor cotanto.

Ontoso tutto appresso li venia
Il Re Manfredi, e con dolente aspetto,
E con lui Curradino in compagnia.

Dietro a costor assai, che io non metto
Quì ne seguieno, perocchè troppo avrei
Affare a dirli tutti, e il mio detto

Tireria lungo più ch' io non vorrei,
Posto che alla man manca e alla dritta,
Ch' io non ne conto, più ne conoscei.

E la mia mente da disio trafitta

Di vedere oltre pur mi stimolava.,
Perchè la vista non teneva filta.

  Similemente quella, con cui andava,
Colle parole sue facendo fretta
Sovente all' altre cose mi chiamava.

  Il dir ch' io le faceva : Un poco aspetta :
Non mi valeva, perch' i' mi voltai
Verso la terza faccia a man diretta :

  Aveavi certo d' ammirare assai
Più ch' lo dir non potrò, tal che me stesso
Assai fiate me ne maravigliai,

  Cogli occhi alzati mi feci più presso
Al detto luogo, acciò ch' io conoscessi
Chi, e che cose vi stessero in esso.

  Oro ed argento un gran monte, e con essi
Zafiri e smeraldi con rubini,
E altre pietre assai credo vedessi.

  Riguardando più basso con uncini,
Chi con picconi, e chi avea martello,
E chi con pale, e chi con gran bacini;

  Ronconi alcuni, ed altri intorno ad ello
Con l' unghie, e chi col dente uno infinito
Popol i' vidi per pigliar di quello.

  E ciascheduno parea pronto e ardito
Non onorando il picciolo il maggiore,
Al suo poter fornia suo appetito.

  Gente v' avea di molto gran valore
In vista, avvegna che la lor biltate
Pur si scopria, veggendo con romore

  Gli altri che quivi per cupiditate
Givan, cacciarli con duoli e con morte
Per prendern' essi maggior quantitate.

  Iniqua tirannia rubesta e forte
Usavan, chi con fatti e chi con detti,

Prendendo più che la dovuta sorte .

   Alcuni v' avea , che i lor mantelletti
Se n' avean pieni , e per volerne ancora
Abbandonavan tutti altri diletti .

   Fra quella gente , che quivi dimora ,
Conobb' io molti , e vidiven alcuno ,
Ch' aver preso di quello ora ne plora ,

   E forse ne vorrebbe esser digiuno .
Ma a cosa fatta penter non vi vale ,
Nè puolla addietro ritornar nessuno :

   Adunque ogni uom si guardi di far ma

CANTO XIII.

   Mirando quella turba sì golosa
Di quel , perchè s' affanna la più gente
Per esserne nel mondo copiosa ;

   Entrato infra 'l tesoro più fervente
Vi vid' io Mida in vista , che sazia
Saria di tutto appena possedente :

   Non bastandoli avere avuta grazia
Dall' Iddii , che ciò che e' toccasse
Ritornasse oro ver sanza fallazia .

   Di netto a lui parea che ne tirasse
Giù Marco Crasso assai , avvegnadio .
Che della bocca ancor ne traboccasse .

   A lato a lui con isciolto disio
Quello Attila , che 'n terra fu flagello ,
S' affaticava forte al parer mio .

   Nelle sue man tenendo uno scalpello
Con un martel ferendo sopra 'l monte ,
Gran pezzi e grossi levando di quello .

   Dall' altra parte con superba fronte
Era Epasto con un piccone in mano

Con punte agute bene ad entrar pronte .

Ognor che su vi dava , non invano
Tirava il colpo a se , ma gran cantoni
Giù ne faceva ruvinare al piano ;

Impiendo di quel se e suoi predoni ,
Ed ogni isciolta voglia adoperando ,
Dannando le giustizie e le ragioni .

Là vi vid' io ancora furïando
Nerone Imperadore , ed avea tesa
Sopra 'l monte una rete , e già tirando

Molta gran quantità n' avea presa
Di quel tesoro , e qual gittava via ,
E qual mettea in disordinata spesa .

Ivi di dietro un poco a lui seguia
Con una scure in man Polinestóre ,
E quanto più potea quivi feria ,

Ora col corpo facendo romore ,
Ora mettendo biette alla fessura ,
Quando la scure sua tirava fore ;

Forse temendo , che nell' apritura
Si richiudesse , e molto ne levava ,
Continovando pur colla sua cura .

Appresso tutto 'l monte graffiava
Pigmaleon con uno uncino aguto ,
E molto giuso a se ne ritirava .

L' acerbo Dionisio conosciuto
V' ebbi mirando fra la gente folta ,
Ch' a tor dell' oro non voleva ajuto .

Là si ficcava tra la turba molta
Con un roncone in man tagliando , e presto
Di quelle arpie si facea raccolta ,

Impiendo con affanno il suo molesto
Voler , cacciando misura e piatate
In modo sconcio assai e disonesto .

Rubesto appresso la sua crudeltate
Falaris dimostrava, ricidendo.
Con una accetta una gran quantitate.
   E via di quindi di quel trasferendo,
Poi arrotata la 'ngrossata accetta
Ancora quivi tornava correndo.
   Con furiosa e minaccevol fretta
Quivi si vedea Pirro, accompagnato
Con mal disposta e dispiacevol setta.
   A molti lì per forza avea levato
A cui cesta di collo, a cui di seno
Avea rubato l'or, ch'avea cavato,
   Ridendo poi fra lor se ne faciéno
Beffe ed istrazio di que' cattivelli,
Ch'a cavar quel fatica avuta aviéno.
   Ancora vidi istar presso di quelli
Il dispietato ed iniquo Tereo,
Di quel tesoro prender, nel quale elli
   Fatica non durò mai come feo
Quelli, a cui il togliea, e dopo lui
Pien d'oro dimorava Tolomeo.
   Ivi era Pisistráto, per la cui
Cura più scrigni pieni e calcati
Quivi ne vidi tirando da lui.
   Avea in un lembo de' panni piegati
Siragusan Geronimo tesoro,
E egli e molti altri ne gian carcati.
   Ma di Navarra Azzolin con costoro
Con molto se ne giva per tornare
Con maggior forza a sì fatto lavoro.
   Molti altri ancora vid' io cavare,
Ed isforzarsi per volerne avere,
Ma niente era il loro adoperare,
   Anzi oziosi istavano a vedere.

3 *

Più altra gente ancor v' avea, frà quali
Gran quantità di nuovi Farisei
Ad aver del tesor battevan l' ali:

E confortando gli altri come rei
Erano a posseder nel lor parlare
Mostrando, e s' io ne rimirar potei,

Riguardar vero il loro adoperare
Per possederne maggior quantitate,
Ivi vedeva forte affaticare.

Correndo sen portava caricate
Le some, e con iscrigni e piene ceste
Si ritornavan quivi molte fiate.

Ver è, che ben ch' avesser lunghe veste
Non gli ingombrava però, ma parea
Che più che gli altri avesser le man preste.

Infra lor riguardando assai v' avea
Di quelli, cui altra volta avea veduti,
E ch' io per nome ben riconoscea.

Li quai però che sono conosciuti,
Non bisogna ch' io nomi, benchè pari
Potrebbono essere tutti tenuti.

Con questi avanti al mio parer non guari
Quasi tra que', ch' eran più eccellenti,
E che parean de' suddetti vicari,

Ornato di be' drappi e rilucenti,
Il Nipote vid' io di quel Nasuto,
Ch' a gloriar si va con procedenti

Recarsi in mano un forte bicciacuto,
Dando ta' colpi sopra 'l monte d' oro,
Che di ciascun saria umor caduto.

E d' esso assai levava, e quel tesoro
In parte oscura tutto si serbava,

E quasi più n' avea ch' altro di loro .
   Oltre grattando il monte dimorava
Con aguta unghia un , ch' al mio parere
In molte volte poco ne levava .
   Con questo tanto forte quel tenere
In borsa gli vedea , ch' appena esso ,
Non ch' altro alcun ne potea bene avere .
   Al qual faccendom' io un poco appresso
Per conoscer chi fosse , apertamente
Vidi*, che era colui che me stesso .
   Libero e lieto avea benignamente
Nudrito come figlio , e io chiamato
Aveva lui , e chiamo mio parente :
   Davanti , e poi d' uno e d' altro lato
Tanto su per lo monte , e giù scendièno
A prender del tesoro disïato .
   Ogni lingua verrebbe a dir lor meno ,
Però qui m' aggia lo lettore alquanto
Scusato , s' io non gli ritraggo appieno .
   Quand' ebbi costoro mirati tanto
Ch' a me stesso increscea , io mi voltai ,
Com' altri volle , verso il dritto canto .
   Ver è che disïato averei assai
D' essere stato della loro schiera ,
Se con onor potesse esser giammai .
   E s' io vi fossi istato , come v' era
Alcun ch' io vi conobbi , io avrei fatto
Sì , che veduto fora la mia cera .
   Credo , più volentier da tal , che matto
Or mi riputa , però ch' i' ho poco ,
E più caro m' avrebbe in ciascuno atto .
   Ahi lasso , quanto nelli orecchi fioco
Risuona altrui il senno del mendico ,
Nè par , che luce o caldo abbia suo foco .

E più caro parente gli è nemico ,
Ciascun lo schifa , e se non ha moneta
Alcun non è che 'l voglia per amico .

Dunque s' ogni uomo pur di quello asseta ,
Mirabile non è , poichè virtute
Sanza danari nel mondo si vieta .

Il cui valor se fosse alla salute
Di quel pensando , che uom pensar dee ,
Non le ricchezze sarian sì volute .

Ma io mi credo , che parole ebree
Parrebbóno a ciascun chiaro intelletto
Il dir che le ricchezze fosser ree .

Avvegna che in me questo difetto ,
Piuttosto che in altro caderia ,
Tanto disio d' averne con effetto .

Nè da tal disidero mi trarria
Alcun , tanto pregar mi par nojoso ,
Che di danar sovvenuto mi sia .

Dopo molto pensar disideroso
Di veder tutto , dirizzai il viso ,
E vidi figurato poderoso
Amor , siccome quì sotto diviso .

CANTO XV.

Quella parte dov' io or mi voltai
Cogli occhi riguardando ; e nella mente
Di storie piena la vidi , e d' assai .

Volendo adunque d' esse pienamente
Almen delle notabili parlare ,
Rallungar si convien l' opra presente .

E però dico , che nel riguardare
Ch' io feci , a guisa d' un giovane prato
Tutta la parte vidi verdeggiare .

Similmente fiorito e adornato
D' alberi molti , e di nuove maniere ,
E l' esservi parea gioioso e grato .
  Tra' quali in mezzo d' esso al mio parere
Un gran Signor di mirabile aspetto
Vid' io sopra due aquile sedere .
  Al qual mentre io mirava con effetto
Sopra due lioncelli i piè tenea ,
Ch' avean del verde prato fatto letto .
  Una bella corona in capo avea ,
E li biondi cape' sparti sott' essa ,
Che un fil d' oro ciaschedun parea .
  Il viso suo come neve mò messa
Parea , nel qual mescolata rossezza
Aveva convenevolmente ad essa .
  Sanza comparazion la sua bellezza
Era , ed avea due grandi ali d' oro
Alle sue spalle in verso l' altezza .
  In man tenea una saetta d' oro ,
E un' altra di piombo , alla reale
Vestito al mio parer d' un drappo ad oro .
  Orrevolmente là il vedea cotale
Tenendo uno arco nella man sinestra ;
La cui virtù sentir già molti male .
  Nè però era sua sembianza alpestra ,
Ma giovinetta e di mezzana etate ,
Dimestica e piatosa , e non silvestra .
  Intorno aveva sanza fine adunate
Genti , le qua' parea ciascheduno
Mirasse pure a sua binignitate .
  Gai e giocondi ve ne vidi alcuno ,
Tristi e dolenti sospirando gire ,
Altrui vi vidi in isperanza ognuno ,
  Io che mirava il grazioso Sire ,

Immaginando molto il suo valore
Per molti , ch' io vi vidi a lui servire .

   Ornata come lui con grande onore
Lì vidi al lato una donna gentile ,
La qual pareva , siccom' elli , Amore .

   Vaga negli occhi , piatosa ed umile ,
Ver è che era da loro incoronata ,
Ed intanto era ad Amor dissimile .

   Angelo mi pareva nel ciel nata ;
E in me pensai più volte ch' ella fosse
Quella , che 'n Cipri già fu adorata .

   Non so quel che 'l cor mio sì percosse
Mirando lei , se non che l' alma mia
Pavida dentro tutta si riscosse ,

   Nè sanza lei pensar fu poi , nè fia .
Sì eccellente e tanto graziosa
Quivi a lato ad Amor vidi Lucia .

   In fronte a lei più ch' altra valorosa
Due begli occhi lucean , più che fiammetta
Parea ciascun d' amore luminosa .

   E la sua bocca bella e piccioletta
Vermiglia rosa fresca simigliava ,
E parea si movesse sanza fretta .

   D' intorno a se tutto il prato allegrava ,
Come se stata fosse primavera
Con raggio chiaro che 'l suo bel viso dava .

   Io non credo , che al mondo mai pantera
Col suo odor già animal tirasse ,
Facendoli venir , dovunque fera ,

   Blandi e quieti , ch' a lei simigliasse :
E sì parean mirabili i suoi atti ,
Che Amor pareva lì se n' ammirasse .

   O come nello aspetto in detti e fatti
Savia parea con alto intendimento ,

Pensando al suo sembiante , e a' suoi tratti .
  Contemplando ad Amore il suo talento
Parea fermasse in sua chiara luce ;
Com' aquila a' figliuoi nel nascimento.
  Con amor mostra , ond' ella li perduce
A seguir sua natura ; così questa
Crèdo che faccia a chi la sì fa Duce .
  A rimirar contento questa onesta
Donna mi stava , che 'n atti dicesse
Parea parole assai piene di festa ,
  Come lo 'mmaginar par che intendesse .

CANTO XVI.

  Costei pareva dir negli atti suoi :
Io son discesa della somma altezza ,
E son venuta per mostrarmi a voi .
  Il viso mio , chi vuol somma bellezza
Veder , riguardi ; là dove si vede
Accompagnata lei , è gentilezza :
  O pietà di sorella , e di merzede
Fontana sono : Dio mi v' ha mandata
Per darvi parte del ben che possiede .
  D' una più che altra sono innamorata ,
E mai isdegno in me non ebbe loco ;
Però Amor m' ha cotanto onorata .
  Ancor risprende in me tanto il suo foco ,
Che molti credon talor ch' io sia ello ,
Avvegna che da lui a me sia poco .
  Cortese e lieta son di lui vasello ;
Nè mai mi parran duri i suoi martiri ,
Pensando al dolce fin , che vien da quello .
  E bene è cieco que' , che i suoi disiri
Si crede sanza affanno aver compiuti ,

42

E sanza copia di dolci sospiri .

Riceva in pace dunque i dardi aguti ,
Ch' alcun piacer di belli occhi saetta
Que' che attendon d' esser provveduti .

Tal qual vedete , giovane Angioletta
Qui accompagno Amor , che mi disia ,
Poi tornerò al cielo a chi m' aspetta .

Ancor più intesi , ma la fantasia
Non mi ridice , sì gran parte presi
Di gioja dentro nella mente mia ,

Lei rimirando , e' suoi atti cortesi ,
Il chiaro aspetto , e la mira biltate ,
Della qual mai a pien dir non porriési .

Da lato Amor con tanta volontate
Vidi miralla , che nel bello aspetto
Tutto si dipingeva di pietate .

Ognor a se collà sua mano al petto
Tastando , quasi non si avesse offeso ,
Perchè a guardalla avea tanto diletto .

Io stetti molto a lei mirar sospeso ,
Per guardar s' io l' udissi nominare ,
O ch' io 'l vedessi scritto breve o steso .

Lì nol vid' io , nè 'l seppi immaginare ,
Avvegna che (com' io dirò appresso)
In altra parte poi la vidi istare .

D' ond' io il seppi , e lì il dico , è ispresso ,
Perocchè quello ha voglia di sapere ,
Fantasiando giù cerchi per esso .

Ohimè , che lei mirando il mio volere
Non avrei sazio mai , ma stretta cura
Di mirare altro mi mise in calere .

Levando adunque gli occhi in ver l' altura
Vidi quel Giove , che 'n forma di toro ,
Non già rubesto mutò sua figura ,

Che quì avendo per umil dimoro
Europa sottratta a cavalcarsi ,
Per me compier l' avvisato lavoro ;
  E parea quindi correndo levarsi ,
E gir sopra lo mar come cacciato
Fosse , e poi pianamente posarsi
  In quel paese , che poi fu nomato
Da quella , che d' addosso li dispose ,
Ripigliando sua forma innamorato .
  Nel loco poi con parole pietose
Pareva a me ch' ella riconfortasse ,
Narrando ancor le sue piaghe amorose ;
  Ma con disio parea poi t' abbracciasse ,
E con diletto l' avuto disio
Sanza contasto parea terminasse .
  Alquanto appresso ancora questo Iddio ,
Com' una gotta d' oro risprendente
Trasformato , e cadendo lui vid' io
  Gittarsi in una torre , e prestamente
A una giovinetta , ch' entro v' era ,
Per ben guardalla chiusa strettamente ;
  Il qual forse l' amava oltre maniera
Dovuta , e infra le sue bianche tette
E belle , in pruova gir lasciato s' era .
  Nè dello inganno già saper credette
Quella , ma lui ritenne nascoso ,
E guadagnato forse aver credette .
  Alla vera statura luminoso
Quivi vedeasi tornato , e costei
Abbracciando e baciando disioso ,
  Riguardando essa , nè giammai da lei
Partir sanza il disiato giugnimento ,
Di che parea , ch' ella dicesse : Omei ,
  Ch' io son gabbata dal tuo argomento .

CANTO XVII.

Ahi come bella seguiva una storia,
Della figliuola d' Inaco, mi pare,
Se ben mi rappresenta la memoria.

Era lì Giove, e vedendo tornare
Sola dal padre quella giovinetta,
Il suo disio le vedea narrare.

Lungo un boschetto con essa soletta
Sotto piacevoli ombre con costei
Tra lor vedea sopra la verde erbetta.

Ma così dimorandosi colei,
Giuno vi sopravvenne furïosa,
Temendo dello inganno fatto a lei.

Intanto la persona grazïosa
Giove di quella in una vacca bella
Mutò, e lei donò alla sua sposa.

Or poichè Giuno aveali presa quella,
Per tema forse di simile offesa
Argo pien d' occhi guardia fece d' ella.

Colui appresso che l' aveva presa
A guardia in atto un pastor chiamava,
Ch' una sampogna sonar gli avea intesa.

Nè a cacciarla quel pastor v' andava,
Sotto alberi sonando dolcemente
Con colui quivi riposando stava.

Onde sonando vedea chetamente
Con tutti gli occhi, che Argo avea,
Addormentarsi e non sentir niente.

Rigido poi l' altro pastor vedea
Trarsi di sotto un ritorto coltello,
Col qual colui prestamente uccidea.

Fu lì da Giuno mutato in suo uccello,
La quale irata poi parìa seguire

La vacca., per cui era morto quello .
   A lei davanti vedeasi fuggire ,
E già teneva il Nilo , quando il Dio
Giunone rattemperò , e le sue ire .
   Così tornò ogni bellezza ad Io ,
Ch' ell' ebbe mai , e lasciò la pigliata
Forma bestial , che Giove le diè pio :
   E poi la vidi lì deificata ,
E dalla gente lì divota assai
Con molti incensi la vidi onorata .
   Doppo essa alquanto avanti riguardai ,
E 'l detto Iddio in forma femminile
In un fronzuto bosco affigurai ;
   E riguardando lui , che nel gentile
Aspetto e bello Diana mi pareva
Negli occhi suoi mansueti e umile
   L' affannato forse si sedeva ,
E un forte arco con molte saette
Dal suo sinistro lato posto aveva .
   Lui mirando una delle giovinette ,
Che per lo bosco con Diana gia ,
Che questa dessa fosse si credette .
   Oltre venendo in atto onesto e pia
Per lei baciar , che forse consueto
Era , sicura presa la sua via .
   Ver lei si fece Giove , e tutto lieto
Prendendola la trasse seco appresso
Entro in un bosco del luogo segreto ;
   Ove baciando lei , essa con esso
Si stava cheta , che semplice e pura
Aveva rotto il boto già commesso .
   Sola lì mi parea , che con paura
Gravida rimanesse di colui ,
Che la ingannò sotto l' altra figura .

    Tacquesi un tempo la Donna , nel cui
Ventre piacevol peso era nascoso ,
Ma pur convenne poi paresse altrui .

    Ricevenne ella allor dal grazioso
Coro di Diana l' esserne divisa ,
Di che Giove essendone piatoso

    A lei diè forma d' orsa , e fe'lla assisa
Essere intorno al Pol piena di stelle
Per guiderdon della colpa commisa .

    Bianco al mio parer di dietro a quelle
Istorie il vidi in cigno figurato
Con bianche penne rilucente, e belle .

    In dentro andando se l' avea pigliato
Nelle sue braccia disïosa Leda ,
E 'n camera di lei l' avea portato .

    Là come tosto la infinta preda
Si vide inchiuso , lieto ritornossi
Nella sua vera e consueta sieda .

    Tutta negli atti ella maravigliossi ,
Ma concedendo se alla sua voglia ,
Quivi mostrava come racchetossi ,

    Acciocchè luogo avesse in alta soglia .

CANTO XVIII.

    Dopo costei si vedea seguitare
Come di Semele gli arse il core ,
E come l' ebbe , ancora vi si pare .

    Ornata come vecchia , e di dolore
Pien' era quivi Giuno invidïosa ,
Perchè Giove portava a quella amore ;

    Nascosa in forma tale la graziosa
Giovane domandava , s' ella fosse
Ben dell' amor di Giove copiosa .

Nel viso a riso a quel parlar si mosse
Conoscendo lei , e le rispose :
Altro che me non disian sue posse .

Allor si turbò Giuna , ma l' ascose
Con falso aspetto , e disse : Ora ti guarda ,
Che non ti inganni con viste frodose .

Più furon quelle già , cui la bugiarda
Vista ingannò , ed io ne so alcuno ,
Ma se tu vuo' saper se per te arda ,

Istà contenta , sì come con Giuno
Se elli il fa , ben ti dico ch' allora
Dirò che non ci sia inganno niuno ,

E fa' che 'l facci . E sanza far dimora
Da lei si dipartia ; questa aspettando
Rimase con disio la sua mal' ora .

Tacita e sola così dimorando ,
Parve che Giove nella casa entrasse ,
A cui ella dicea così pregando :

Or negheraimi tu , s' io domandasse ,
Un caro dono ? A cui rispondea ,
E rispondendo , pare che giurasse

Sè a ciò non mancar , ch' ella volea :
Come con Giuno ti congiugni (disse)
Così con meco ti priego , che stea .

Ahi come a Giove dolse ! ma non disse
Quel che impromise ; ma invito quello
Fe' , che 'l saramento non perisse :

Rilucer lì d' un foco grande e bello
Semele si vedeva , e incenerita
Ritornar tosto giacendo con ello .

Così trista finì la sua vita
Per lo disio che 'l consiglio dolente
Le porse , e Giuno rimase gioita .

Conforme poi si vedea similmente

Asterien ad aquila seguire ,
Cui elli amava molto coralmente .
　A lato a lei , ed or di sopra gire
Per alti boschi quivi si vedeva ,
E poi coll' ali lei presa covrire .
　Molto dubbiosa lì quella pareva ,
Perchè rivolta contra il grande Iddio
Con fiebol possa cacciar lo voleva ,
　Valeale poco ; perocchè 'l disio
Suo ne prendea quello , come a lei
Ne' suoi sembianti ben paresse rio .
　Nel luogo appresso si vedea colei ,
Che partorì i due occhi del cielo ,
Secondo che apparve agli occhi miei .
　Assai timida l' Isola di Delo ,
La riteneva quasi fuggitiva
Umile e piana sotto bianco velo .
　Soletta appresso Antiopa seguiva ,
Con la qual quivi Giove , in forma quale
Un satiro alla mia estimativa ,
　Ove allato sedeale , e quanto male
Amor per lei si facesse , narrava ,
Nè come alcun rimedio ve li vale .
　Assai negli atti suoi la lusingava ,
Tanto che 'n fine alla sua voluntate
Con impromesse e prieghi l' arrecava .
　Vedeasi appresso quivi la biltate
In una storia che veniva d' Alcmena
Piena di grazia e di tutta onestate ,
　In suoi sembianti gioconda e serena ,
A cui Giove in forma del marito ,
Che dallo istudio tornava d' Atena ,
　Tutto il suo disio avia compito .
Vedevavisi Geta doloroso ,

Perchè un altro n' avea in casa sentito .
   Appresso v' era Birria nighittoso
Caricato di libri , al picciol passo
Parea venisse tutto dispettoso ,
   Sanza alcun ben dicendo : Ohimè lasso ,
Quando sarà ch' io posi questo peso ,
Che sì m' affolta , ponendolo abbasso ?
   In ver lo ciel veggio , poichè ebbe preso
Giove il diletto , che di lei li piacque ,
Pregna lasciandola al salire inteso ,
   Di cui appresso il forte Ercole nacque .

CANTO XIX.

   Ivi più non seguìa , perchè finiva
Quella facciata con gli antichi autori ,
Che stanno innanzi a quella Donna Diva .
   Laond' io tornaimi in ver li predatori ,
Ricominciando a quel canto primiero
A rimirar gli antichissimi amori .
   E umile tornato v' era il fiero
Marte prencipe d' arme fatto amante ,
Per la qual cosa più non era altiero .
   Con tal disio il piacevol sembiante
Mirava della bella Citerea ,
Che non parea che più curasse avante .
   Fra que' luoghi medesmi mi parea
Con essa lui veder drento ad un letto ,
D' intorno al quale al mio parere avea
   Ordinata di ferro tutto istretto
Una rete sottil , che gli avea presi
Come per coglier loro in quel diletto .
   Sovra la sua vergogna i lacci tesi
Avea Vulcano , il qual veder venìa

4

Ridendosi d'avelli sì offesi .

Aveva quivi ciascun Dio e Dia ,
Che 'n ciel fossero , tutti chiamati
Vulcan per mostrar lor cotal follia .

Com' essi a' prieghi di Nettuno grati
Fatti a Vulcan per Marte umilemente ,
Di quella fuor eran da lui cacciati .

Ahi come poi ciascuno apertamente
Faceva il suo piacer , perocchè aviéno
Vergogna ricevuta interamente .

E sì avviene a quei che non vorriéno
Trovar le cose , e vannole cercando ,
Che molto meglio cheti si stariéno .

Molto consiglio ciascuno , che quando
Pur divenisse , che cosa vedesse ,
Che gli ispiacesse , cogli occhi bassando

E' se ne passi , perchè molte spesse
Son quelle volte che t' hai a vendicare ,
Tal vuol che saria me' che se ne stesse .

Tutto foco vid' io seguitare
Quivi Febo Penéa grazïosa ,
E lei con dolci voci lusingare .

Temendo fuggiva ella impetuosa
Quivi da lui , e di sopra le spalle
Colli capelli isparti più focosa

Seguiva Febo , che in dolente calle
Entrava , in fin che stanca fe' dimoro ,
Più non potendo , in una bella valle .

Là ritornata in grazïoso alloro ,
Sopr' essa il Sol la sua luce fermava ,
Facendole con raggio chiaro coro .

Veder pareami , secondo mostrava ,
Che si dolesse di tal mutazione ,
E ne' sembianti se rammaricava .

Ivi era appresso poi come Scitone
Maschio , da lui sanza fine amato ,
Mutava in femminil sua condizione .

Con esso lui si stava quivi allato ,
E lei tenendo in braccio con amore ,
Mostrava ch' altro non gli fosse a grato .

Or con costei finito il suo ardore ,
Rinchiusa vidi una vecchia scura
Più là un poco tinto il suo sprendore ,

Nell' aspetto pareva la figura
Della madre di quella , per cui questo
A far ciò il sospignea con tanta cura .

Mirabilmente là si vedea presto
Chiuso tornare in se , onde colei
Dicea maravigliando : Or che è questo ?

E poi il vedea istarsi con costei ,
Ma morta quella , per la sua potenza
In albero d' incenzo mutò lei .

Così appresso in forma , e l' accoglienza ,
Che in se li fe' , quando con essa giacque ,
Tutto vi si vedea sanza fallenza .

Abituato v' era com' li piacque ,
Climene , dallo cui congiugnimento
Feton , che guidò il carro , poi ne nacque .

Oltre tra questi poi molto contento
Era Nettuno in forma d' Enipeo ,
Ifimedia abbracciando a suo talento .

Innanzi riguardando discerneo
La vista mia costui in braccio tenere
Cerere , cui amò quanto poteo ,

Non sanza molti basci al mio parere
La stimolava ; ma io mi voltai ,
Non potendo più quivi vedere ,

D' ond' io a riguardar pria cominciai .

4 *

CANTO XX.

Ove io vidi in ordine dipinto
Siccome Bacco per forza d' amore
In forma d' uva ad amar fu sospinto
  La figlia di Icario, lo cui ardore
Quivi con lei in braccio si vedea
Temperar non in forma, nè in colore,
  Così dicesse, e 'l simil mi parea
D' Erigone, e del suo gran disio,
Così sè quivi si soddisfacea.
  Ivi seguiva poi al parer mio
Pan, che Siringa già perseguitando,
Ch' avanti si fuggiva in atto pio,
  E lei fuggente l' andava pregando,
Ma 'l pregar non valea, anzi tornata
Di canna poi la vidi in forma stando.
  Poi di quella i bucciuoli spessa fiata
Sonati fur, perocchè primamente
Da esso fu la sampogna trovata.
  Appresso lui vi vid' io il dolente
Saturno in forma di cavallo stare,
A Fillara accostarsi dolcemente.
  Così appresso vi vidi, o ciò mi pare,
Pluto gli tristi regni abbandonati
Avere, e quivi intender ad amare;
  E a lui presso con atti sfrenati
Prender vedea Proserpina, e con essa
Fuggirsi a' regni di luce privati,
  Pur con istudio, e con nojosa pressa,
Come se stato fosse seguitato
Da Giove, per volerle privar d' essa.
  Oltre nel loco vidi figurato
Mercurio con Ersen molto stretto,

Amando lei dimorava abbracciato ,
  Insieme avendo piacevol diletto .
Dopo 'l quale io vedeva tutto bianco
Borea quivi con un freddo aspetto .
  Questi gli regni abbandonati stanco
In Etiopia giugneva a vedere
Orizia ch' a se dal lato manco
  Vedeva quivi in la faccia sedere ,
E abbracciata lei tenendo stretta ,
Appena seco gliel pareva avere .
  A lui seguiva poi la giovinetta
Tisbe , che fuor di Babilonia uscia ,
E verso un bosco sen giva soletta ,
  Nè lì guari lontano la sua via
Fornita un velo lasciava fuggendo
Per una leona , che a ber venia
  Della fontana , dov' ella attendendo
Piramo si posava nell' oscura
Notte : così s' entravan correndo
  Ove già fu la vecchia sepoltura
Di Nino , e poi si vedeva venire
Piramo là con sollecita cura .
  A se intorno mirando , se udire
O veder vi potesse , se venuta
Vi fosse Tisbe , secondo il suo dire .
  Lui ciò mirando in terra ebbe veduta ,
Perchè la luna risplendeva molto ,
La vesta che a Tisbe era caduta ,
  Tutto stracciato e per ter a ravvolto
Con un mantello il bel vel sanguinoso ,
Perchè tutto si cambiò nel volto ,
  Ricogliendo essi parea che doglioso
Dicesse : Ohimè Tisbe , chi ti uccise ?
Chi mi ti tolse , dolce mio riposo ?

Ontoso tutto lagrimando mise
La mano ad uno stocco , ch' avea seco
Col qual dal corpo l' anima divise .
  Parea dicesse piangendo : Con teco ,
Tisbe , moro , acciò ch' all' ombre spesse
Di Dite (lasso) ti ritruovi meco ,
  E sbigottito parea che cadesse
Quivi sopra'l mantello a piè d' un moro ,
E del suo sangue i suoi frutti tignesse .
  Non dilettava a Tisbe il gran dimoro
Colà , dond' era ; uscì , e disse : Forse
Quella bestia è pasciuta , e già non loro
  Son use a noi far male : e oltre corse
Alla fontana ; e non credea che fosse
Essa , quando le more rosse scorse .
  In ciò mirando tutta si percosse ,
Quando Piramo vide ancor tremante ,
E dal suo petto il ferro aguto mosse ,
  E 'n sul quel si gittò , dicendo : Amante ,
Io son la Tisbe tua , mirami un poco
Anzi ch' io muoja : e più non disse avante ,
  Rimiratola cadde morta al loco .

CANTO XXI.

  Or miri adunque il presente accidente
Qualunque è que' , che vuol legge ad Amore
Impor forse per forza strettamente .
  Quivi credo vedrà , che 'l suo furore
Ha da temprar con consiglio discreto
A chi ne vole aver fine migliore .
  Vivean di questo i padri ciascun lieto
Di bel figliuolo , e perchè contro a voglia
Gli stinser , n' ebber doloroso fleto .

Così spesse volte altri si spoglia
Di ciò , che ei si crede rivestire ,
E poi convien che sanza pro si doglia .
   Sì riguardando poi vidi seguire
Giasone in mezzo di tre giovinette ,
Le quali ciascuna fu al suo disire .
   Tutte e tre furon a lui dilette ;
E nominate , Isifile , e Medea ,
Al mio parer con Creusa sospette .
   O sanza fede alcuna (mi parea
Che Isifile dicesse) o dispietato ,
O più crudel ch' alcuna anima rea :
   Deh , or hai tu ancor dimenticato
A quanto onor tu fosti ricevuto
Nel regno , ond' ogni maschio era cacciato ?
   Io non credo , che ma' fosse veduto
Uom volentier in nulla parte strana ,
Nè cotal dono a lui ma' conceduto
   Simile a quel ch' io benigna e piana
A te concessi portando fidanza
Alla tua fede , come 'l vento vana .
   Faccendo saramenti a me , speranza
Nel tuo partir mi desti , che giammai
Non cambieresti me per altra amanza .
   Andastitene , e me , come tu sai ,
Pregna lasciasti di doppio figliuolo ,
Ed al tornar ancor verso me hai .
   Con sospiri , e con pianto , e con gran duolo
Gran tempo stetti dicendo : omai tosto
Verrà Giasone quì collo suo stuolo .
   Ed appena credetti quel che sposto
Mi fu di te , ch' avevi nuova amica
Presa ne' Colchi , e mutato proposto .
   Più avanti non so ch' io mi ti dica ,

Se non ch' io ardo , e tu in giuoco e festa .
Ora ti stai colla mia nimica .

In tanto questa doglia mi molesta ,
Che dir nol posso , ma tu stesso pensa
Chente parriati averla tal , qual questa .

Assai ti priego dunque , se offensa
Non ho commessa , non mi abbandonare ,
Ma con piatà al mio dolor dispensa .

Non rispondea Giasone . Ma poi stare
Vidi negli atti molto dispettosa
Medea in verso lui così parlare :

Giasone , in tutto 'l mondo non fu cosa ,
Ch' io tanto amassi , nè per cui facessi
Quanto feci per te siccome sposa .

E non mi credo ancor , che tu sconfessi
Com' io ti die' mirabile argumento
Per cui sicur co' tori combattessi .

Mostrati ancora per farti contento
Come 'l drago ingannassi , acciò ch' appresso
Fornito avessi tuo intendimento .

Insieme me ne venni teco stesso ,
E sai , che io il mio piccol fratello
Uccisi , acciocchè 'l mio padre sopr' esso

Dimorasse piangendo , e quindi snello
E sanza noi passasse il nostro legno
Già cominciato a seguitar da ello ;

E sai ancora , che con il mio ingegno
Il tuo antico padre e vecchio Esone
Di giovinetta età il feci degno ;

Nè riguardai ancora a riprensione ,
Ch' io non facessi morire il tuo Zio ,
Per signor farti della regione .

Tu il ti conosci , e sai per certo , ch' io
Ogni cosa avrei fatto per piacerti ,

3

Non credendo , che mai il tuo disio
   Rivoltassi da me per più doverti
Dare ad altrui di te altro diletto
Se non di me , due be' figli vederti
   Ognor davanti , non t' avesse stretto ,
Non dovevi giamma' donna nessuna
Più abbracciar nel mio debito letto ,
   Lo qual tu ora possiedi con una ,
Che s' io non fossi istata , alla tua vita ,
Nè lei nè me avresti , nè altra alcuna ;
   Adunque a me per Dio ti rimarita .

CANTO XXII.

   Non rispondeva a nulla di costoro
Quivi Giasone , ma Creusa abbracciando ,
Con lei traea dilettevol dimoro .
   Io ch' andava avanti riguardando ,
Vidi quivi Teseo nel Laberinto
Al Minotauro pauroso andando .
   Ma poichè quello con ingegno ebbe vinto ,
Che gli diede Adriana , quindi uscire
Lui vedev' io di gioja dipinto ;
   Al quale appresso Adriana venire ,
E con lei Fedra salir nel suo legno ,
E quivi forte a suo poder fuggire .
   Nel quale avendo già l' animo pregno
Del piacer di Adriana , lei lasciare
Vedea dormendo , e girsene al suo regno .
   Gridando desta la vedeva stare ,
E lui chiamava piangendo e soletta
Sopr' un diserto scoglio in mezzo al mare :
   Oh me (dicendo) deh , perchè s' affretta
Sì di fuggir tua nave ? Aggi pietate

Di me ingannata , lassa giovinetta .

Segando se ne gia l' onde salate
Con Fedra quelli , e Fedra si tenea
Per vera sposa per la sua biltate .

Costei più innanzi un poco si vedea
Accesa tutta di focoso amore
D' Ippolito , cui per figliastro avea .

Ivi vedeasi lo sfacciato ardore
Di Pasifae , che 'l toro seguitava
Di se chiamandol conforto e signore ;

Ove con le man proprie ella segava
Le fresche erbette nel fogliuto prato ,
E con quelle medesme gliele dava .

Spesso li suo' capei con ordinato
Stile acconciava , e della sua bellezza
Prima l' occhio allo specchio consigliato ,

Adorna venia innanzi alla mattezza
Bestiale , e quivi e' parea che dicesse :
Aggraditi la mia piacevolezza ;

Certo se io solamente vedesse ,
Che più ch' un' altra vacca mi gradissi ,
Non so che più avanti mi volesse .

Era di drieto a lei cogli occhi fissi
Sopra 'l suo padre Mirra iscellerata ,
Nè da lui punto li teneva scissi .

Riguardando io costei lunga fiata ,
Quivi la vidi poi di notte oscura
Esser con lui in un letto corcata .

Correndo poi fuggir l' aspra figura
Del padre la vedea , che conosciuta
Avea l' abominevole mistura .

Albero la vedeva divenuta ,
Che 'l suo nome ritien , sempre piangendo
O 'l fallo o forse la gioja compiuta .

Narciso vid' io quivi ancor sedendo
Sopra alla nitida acqua a riguardarsi,
Di se oltre 'l dovuto modo ardendo.

Deh quanto quivi nel rammaricarsi
Nel suo aspetto mi parea piatoso,
E talor seco se stesso crucciarsi.

Oh me (dicendo) tristo doloroso,
La molta copia ch' i' ho di me stesso,
Di me m' ha fatto (lasso) bisognoso.

Cefalo poi alquanto dietro ad esso
Vid' io posati aver l' arco e li strali,
E riposarsi per lo caldo fesso.

O Aura, deh vien colle fresche ali,
Entra nel petto nostro (tutto steso
Stava dicendo parole cotali)

Ma questo avendo già Procris inteso,
Cui ascosa vedea tra l' erbe e' fiori
In quella valle con l' udire inteso,

Essendo in sospecion de' nuovi amori,
Credendo forse ch' allora venisse,
Volle, e nol fece, intanto farsi fuori;

Tutta l' erba si mosse, e Cefal fisse
Gli occhi colà, credendo alcuna fiera,
E preso l' arco suo lo stral vi misse,

Rizzando quel fra l' erba, u' Procris era,
E lei ferì nello amoroso petto:
Ella sentendo il colpo, in voce vera,

Oh me (gridò) perchè ebb' io sospetto
Di quel ch' io non dovea? Così diria
Chi la vedesse ch' ella avesse detto.

Venuto Cefalo: L' anima mia,
Or che facestù quì? ohimè lasso,
(Dicea) dogliosa omai mia vita fia,

Avendo te recato a mortal passo.

C A N T O XXIII.

Ristrinsemi pietà l' anima alquanto
Ad aver compassion di quel dolente,
Cu' io vedea far così gran pianto.

 Poi rimirando ad altro ivi presente
Vidi colui, che il dolente regno
Sonando visitò sì dolcemente:

 Orfeo dico, che col suo ingegno
Fece le misere ombre riposare
Colla dolcezza del cavato legno.

 Sonando ancora quivi il vidi istare
Con Euridice sua, e mi parea,
Che il vedessi sonando cantare,

 Sollazzandosi, versi, e' sì dicea:
Amore, a questa gioja mi conduce
La fiamma tua, che nel cor mi si crea.

 Amor, de' savi graziosa luce,
Tu se' colui, che gentilisci i cori,
Tu se' colui, ch' in noi valore induce,

 Per te si fuggono angosce e dolori,
Per te ogni allegrezza ed ogni festa
Surge e riposa dove tu dimori.

 O spegnitor d' ogni cosa molesta,
O dolce luce mia, questa Euridice
Lunga stagion con gioja la mi presta.

 Sempre mi chiamerò per te felice,
Per te giocondo, per te amadore
Starò come fa pianta per radice.

 A veder quel mi s' allegrava il core,
E immaginando quelle parolette,
A me, non che a lui cresce valore.

 E poi appresso a queste cose dette
Diomede e Ulisse si vedeano

61

Divenuti merciai vender giojette
  Tra suore quivi, che queste voleano
In vista comperar, ma dall' un lato
E spade e archi forti quelli aveano,
  Saette ancora, de' quali avea pigliato
Uno una suora, ch' ivi istava presso,
E 'nfino al ferro l' arco avea tirato.
  Onde parea dicesser : Questi è desso,
Questi è Achille, cui andian cercando,
E gir se ne volean quindi con esso.
  La qual cosa venendo sospirando
Una sorella quivi contastava
A que' che lui andavan lusingando.
  Achille gir con essi disïava,
E spogliandosi allor la veste fitta,
Come buon cavalier presto s' armava.
  Vedendo ciò Deidamia trafitta
Da grieve doglia tutta scolorita.
Parea dicesse a lui a lato ritta :
  Oh me, anima mia ; o dolce vita
Del cor dolente, che tu abbandoni,
Di cui fia tosto la süa finita,
  In quа' parti vai tu ? Quai regioni
Cerchi tu più graziose che la mia ?
Deh, credi tu a questi due ladroni ?
  Deh, non ti incresce di Deidamia ?
I' son colei, che più che altra t' amo,
E che più ch' altra cosa ti disïo,
  In quant' io possa più merzè ti chiamo,
Non mi ti torre : deh, non te ne gire,
Non privarme di quel che io più bramo :
  Sola mia gioja, solo mio disire,
Sola speranza mia, se tu ten vai
Subitamente mi credo morire.

In continova doglia e tristi guai
Istarò sempre ; deh , aggi pietate
Di me , se grazia meritai giammai .

    Ahi lassa , or son così guiderdonate
Tutte le giovinette , ch' aman voi ,
Che di subito sieno abbandonate ?

    Ricordar credo certo , che ti puoi
Quanto onor abbi da me ricevuto ,
E ancora puoi ricever , se tu vuoi .

    L' abito che t' ha fatto sconosciuto,
Sì lungo tempo , per me ricevesti ,
Per me segreto se' stato tenuto .

    E quando prima vergine m' avesti ,
Di mai partirti nè d' altra pigliarne
Sopra la fede tua mi promettesti .

    Perchè adunque altrove vogli andarne ?
Di me t' incresca , e del comun figliuolo ,
Che abbiam , se non ti duol , la propria carne .

    I' so che tu vuo' gire al tristo stuolo ,
Ch' è 'ntorno a Troja , ov' io dubito forte ,
Che morto non vi sii ; e per gran duolo
    A me medesma fia sicura morte .

CANTO XXIV.

    Così pareva che costei dicesse ,
Ed altro assai ; a prieghi della quale
Non mi pareva ch' Achille intendesse .

    E seguitava quelli , al Trojan male
Contento più , che d' esser lì rimaso ,
Dove quella era , a cui tanto ne cale .

    E innanzi a lui incerto del suo caso
Briseida era trista inginocchiata
Col viso basso e di baldanza invaso .

Tra l' altre cose quella sconsolata
Piangendo mi parea , che dicesse :
Deh , perchè m' hai , Achille , abbandonata ?
   Per te convenne ch' io non mi dolesse
De' miei fratelli , i quali io più amava ,
Che altra cosa ch' io nel mondo avesse :
   E per l' amore che io ti portava ,
E porto , quella morte , che tu desti
A lor dolenti , non mi ricordava .
   Rapita me per forza ancor m' avesti ,
Come tu sai , e mia virginitate
A forza e contra voglia mi togliesti .
   Ohimè , che allora la tua crudeltate
Non conobb' io , che l' animo isdegnoso
Non t' avria mai l' offese perdonate .
   Veduta sempre in abito cruccioso
M' avresti certamente , e così forse
Non avrei dentro Amor per te nascoso .
   Ohimè quanto soperchio ve ne corse ,
Quando con atti falsi mi mostrasti ,
Ch' io ti piacessi , e questo il cor mi morse .
   Levastimi da te , poi mi mandasti
Ad Agamennon come schiava puttana ;
In quello il falso amor ben dimostrasti .
   Ohimè lassa , misera profana
Briseida cattiva , che farai
Abbandonata in parte sì lontana ?
   Non mi lasciar morir in tanti guai ,
Achille , aggi pietà di me dolente ,
Che t' amo più , che donna uomo giammai .
   Deh guardami coll' occhio della mente ,
E prendati pietà di me alquanto :
Dicea colei , ma non valea niente .
   Ivi appresso costui vid' io che tanto

Ardeva dell' amor di Polissena
Con gran miseria ed angoscioso pianto ,
   Periglio , affanno , guai , e grave pene
Delle suddette vendicava Amore ,
Il qual fervente gli era in ogni vena :
   E per lei spesso mutava colore
Prieghi porgendo , e non erano intesi ,
Onde lui costringea greve dolore .
   Rimirando ivi ancora vediesi
Sesto ed Abido , picciole isolette ,
E 'l mar che le divide ancor compresi .
   Sovvennemi ivi quando vi cadette
Elles , andando di dietro al fratello
All' Isola de' Colchi , ove ristette .
   Era notando ignudo nato in quello
Mare Leandro , andando ver colei ,
Cui più amava vigoroso e snello .
   Venuta là alla riva costei
Vedea con panni ricever costui
Tutto asciugando lui dal capo a' piei ,
   E poi vedeva quivi lei e lui
Con tanta gioja istandosi abbracciati ,
Che simil non si vide mai in altrui .
   Ritornar poi il vedea per gli usati
Mari alla casa ; e di far quel cammino
Suo' membri non parien mai affannati .
   A questo mare alquanto era vicino
Minos , Alcatöe tenendo stretta
Per forte assedio , volendo il destino
   Romper di quel capel , che nella vetta
Del capo a Niso stava , che per esso
L' oste di fuori non avea sospetta .
   E quivi quella torre , ove fu messo
Già lo strumento d' Apollo sonante

Vi si vedea rilucere appresso .
   Pareva in quella Scilla fiammeggiante
Dell' amor di Minos , che a vedere
Istava l' oste a sua terra davante ,
   Venir la mi parea poscia vedere ,
Avendo il porporin capel cavato
Al padre , a Minos darlo , che 'l volere
   Robusto suo facea del disarmato
Niso , privando lui della sua gloria .
Scilla gittata poi nel mar salato
   N' andava lieto della sua vittoria .

CANTO XXV.

   Era più là Alfeo colle sue onde
Piegate intorno e dietro ad Aretusa
Con quelle terre , che correndo infonde .
   Là era Agisto ancor , che per iscusa
Del sacerdozio non andò a Troja ,
Ma Clitennestra si tenea inchiusa .
   Lei imbracciata , e prendendone gioja
A suo piacere , benchè poco appresso
Le ne seguisse sconsolata noja .
   Ohimè ! quivi alquanto dop' esso
Seguia Canace , e Macareo dolenti
Divisi per lo lor fallo commesso .
   Non molto dopo lor così scontenti
Biblide vidi lì , che seguitava
Il suo fratel con atti molto ardenti .
   Molto pietosamente a lui andava
Dietro parlando ; siccome parea
Negli atti suoi , che quivi dimostrava .
   Ahi dolce signor mio (ver lui dicea) .
Deh , non fuggir , deh , prendati pietate

Di me , che per te vivo in vita rea .

　　Guarda con l' òcchio alquanto mia biltate ,
Pensi l' animo tuo il mio valore ,
Lo qual perisce per tua crudeltate .

　　Io non t' ho per fratel , ma per signore ,
Vedi ch' io muòjo per la tua bellezza ,
Per te piango , per te si strugge il core .

　　Non tener più ver me questa fierezza ,
E 'l superfluo nome di fratello
Lascialo andar , che tenerlo è mattezza .

　　Ajutami che puoi , e farai quello
Che più aspetta quella , che si sface ,
Considerando il tuo cospetto bello .

　　Riso , conforto , e allegrezza , e pace
Render mi puoi , se vuoi , dunque che fai ?
Deh , contentami alquanto , se ti piace .

　　Vedi , ch' io mi consumo in tanti guai ,
Ch' altra neuna mai nè sentì tanti
Per te , cu' io disio , e tu 'l ti sai .

　　Ohimè , fortuna trista delli amanti !
Come coloro che non sono amati
Amando altrui da tua rota son franti .

　　Se tu riguardi però che chiamati
Sorella e fratel siam , non è niente
Com' dissi , e minor fién i tuoi peccati

　　Togliendomi dolor , che se dolente
Morir mi fai per non acconsentire
A quel , che sol disia la mia mente .

　　Rivolgiti per Dio , deh , non fuggire ,
Pensa ch' ogni animal tal legge tiene ,
Quale a te chiede il mio forte disire .

　　A te molto più tosto si conviene
In questo atto fallir , che dispietato
Farmi perir nelle nojose pene .

Biblide trista , quanto t' è in disgrato
Veder colui , che ti dovria atare
Da chi noja ti desse in alcun lato ,

  Il tuo dolore in te forte aggreggiare ,
E non che voglia fare il tuo disio ,
Ma tue parole non vuole ascoltare .

  Là poi appresso al mio parer vid' io
Fillis a lato star a Demofonte ,
E pianger se di lui in atto pio .

  Tutta turbata sue parole conte
Li profferia , ricordandoli ancora
Quant' ella e le sue cose tutte pronte

  Al suo servigio furono , e com' ora
A lei fallita la promessa fede
Per troppo amor dolor greve l' accora .

  Tra questi oltre nel prato vi si vede
Meleagro , e Atalanta , che ciascuno
Segue un cinghial con sollicito piede ;

  E quanto ad esso sforzandosi ognuno
Offende accesi d' amoroso foco ,
Non lasciandoli a far danno nessuno .

  Costor preiva più avanti un poco
Aconzio in man colla palla dell' oro ,
Ch' a Cidippe gittò nel santo loco .

  E quella quivi ancor facea dimoro
Dicendo a lei Aconzio , che sua era ,
Ella negandol parlavan fra loro .

  Riguardando l' un l' altro in tal maniera
Cidippe a lui dicendo : Se 'ngannata
Fui da te , la mia voglia non v' era ;

  Che s' io mi fossi della palla addata ,
Non l' avria mai rimirata nè letta ,
Anzi l' avrei tosto indietro gittata ,

  Onde mai non m' avrai , e questo aspetta .

5

CANTO XXVI.

Com' io mirando andava quel giardino
Vidivi in una parte effigïato
Ercole grande a Cidippe vicino,

  Ove con lui sedeva dall' un lato
Jole piacente e bella nello aspetto,
Cui presa avea nel paese acquistato.

  Non mirava Ercole altro che al cospetto
Di lei, e quindi tanta gioja prendea,
Che duol li fora stato altro diletto.

  Rammaricando dopo lui vedea
Istar tutta turbata Dejanira,
Perch' a se ritornarlo non potea.

  Il molle petto acceso in foco d' ira
Mostrava, ch' ell' avesse, ognor soffiando,
Forse per rabbia che in lei si gira.

  Ma poco spazio parea che parlando
Dicesse a lui: O Signor valoroso,
Volgiti a me, come tu suogli, amando,

  E lascia cotestei, cui poderoso
Guardandosi per serva, e 'l suo paese
Insieme con vittoria glorïoso.

  Non senti tu, ch' a ogni uomo è palese
Quel che la fama ora in contrario sona
Di te alle passate tue imprese?

  Veramente di te ogni uom ragiona,
Che tu col forte dito quella lana
Fili, che Jole pesando ti dona.

  Ogni uomo ancora, ch' abbia mente sana
Crede, che tu il canestro colle fusa
Porti di drieto alla giovane strana.

  Vogliono ancora dire, ch' ella t' usa
In ciascuno atto come servidore,

Nè ti giova donare alcuna scusa .

È così ismarrito il tuo valore ,
Che tu non pensi alle cose passate ,
Ogni virtute obliando e onore .

Forse t' ha ella le forze levate
Con alcun suo ingegno falsamente ,
Come le donne fanno alle fiate ?

Almen non dovria mai della tua mente
Trar quel che tu in culla ancor facesti ,
L' uno uccidendo e poi l' altro serpente .

Ricordar de' ti ancor che uccidesti
Busiris , e in Libia il grande Anteo
Della Terra figliuolo ancor vincesti .

Vinto traesti quel Cerbero reo ,
Ch' avea tre teste , e tu con tre catene
Legasti lui poi ch' a te si rendeo .

Il drago ancora con sudanti pene ,
Ch' ognor sanza dormir i pomi d' oro
Guardando stava , fu morto da tene .

I forti corni al furioso toro
Rompesti , e' Centauri domasti
Quando di prima combattesti con loro .

Or non fostu colui , che consumasti
L' idra , che doppj capi in suo ajuto
Rimettea , quando gliele avevi guasti ?

Non fu da te il guastator ferito
D' Arcadia ? sì fu , e fu colui
Ch' avea di carne umana rïempiuto

Ogni suo armento togliendo l' altrui .
Da te ucciso è quel Caco rubesto ,
Che tu uccidesti rubato da lui .

Reggendo ancora dopo tutto questo
Il ciel gravante sopra le tue spalle ,
Ch' a ogni altr' uom saria stato molesto .

E s' io volessi andar per dritto calle
Ogni vittoria a tua mente rendendo,
Io avrei troppo a fare a ricontalle .

Queste so ch' hai a mente ; or dunque essendo
Sanza pazzia talora fra te stesso ,
Non ti vergogni tu Jole seguendo ?

Volesse Iddio , che tu giammai a Nesso
Non m' avessi levata , che mi amava ,
E forse in gioja or mi sarei con esso .

E non per tanto io non immaginava ,
Che mai per altra donna mi lasciassi ,
Poichè te per altrui io non lasciava .

Se quella con cu' tu ora ti passi
Ismemorato in festa e allegrezza ,
Tanta virtù in lei forse trovassi ,

Tanto piacere e tanta di bellezza ,
Quanto in me , io non riputerei
L' aver lasciata me fosse mattezza ,

Ognora più di ciò ti loderei ,
Ma s' i' ho ben la sua bellezza intesa ,
Credo io son molto più bella di lei ;

Molta mi tengo in questa parte offesa :
Ma torna a me , e tutto ti perdono ,
E la tua forza in ben ovrar palesa ,

Io chieggio a te di grazia questo dono .

CANTO XXVII.

Mostravasi ivi ancora effigiata
La valle d' Ida profonda e oscura
D' alberi molti e di frondi occupata .

Ove io discernetti la figura
Di quel Paris piacevole Trojano ,
Per cui Troja sentì la sua arsura . .

Sol si sedeva là nel loco strano
Davanti al qual Pallade Juno e Venere,
Eran con una palla d' oro in mano

Sanza alcun vestimento, ignude, tenere,
Bianche, e vermiglie quivi dilicate
Le mi pareva nel sembiante scernere.

E diceano a Paris: In cui biltate
Di noi più vedi, questo pomo d' oro
Donalo a lei, quando ci avrai avvisate.

Dal capo al piè rimirava costoro
Paris, ciascuna bella li parea,
Onde fra se dicea: Deh, quale onoro.

Ognuna d' esse a esso promettea,
Chi senno, e chi ricchezze, e chi amore
Di bella donna pur ch' a lei lo déa.

Non si sapea esaminar nel core
Paris qual d' esse più biltate avesse,
Nè qual ben si pigliar per lo migliore.

Nel lungo esaminare infine elesse
Venus per la più bella, e diélla lei
Sub condizion ch' ella gli attenesse

A farli avere in sua balìa colei,
Cui ella avea lodata per sì bella,
Che nulla n' era simile di lei.

A cui pareva, che rispondesse ella:
Va' tu per essa, che col mio ajuto
Io farò sì che tua si sarà quella.

Costui vid' io poco appresso saluto
Su una nave, e dar le vele al vento,
E tosto in Isparte esser venuto,

Ove disceso sanza tardamento
Andando Menelao in verso Creti,
A fornir cominciò suo intendimento.

Ma dopo molte cose quivi lieti

Egli e Elena bella e graziosa
Saliti in nave pe' salati freti
  Poste le vele sanza alcuna posa
Tornava a Troja , e quivi si mostrava
La vita lor quanto fosse giojosa .
  Ivi Enone ancora lagrimava
Il perduto marito , e con pietose
Parole a se invano il chiamava .
  Là si vedea Ifi e Jante amorose
Far festa pria che maschio ritornasse
Que' che 'l suo sesso tanto tempo ascose .
  Appresso mi parea che seguitasse
Laodamia bella sospirando ,
Come se del suo mal s' indovinasse .
  Ravviluppata tutta , e non curando
Di se Protesilao di bella cera
S' aveva fatto lui raffigurando ,
  E poi a quello innanzi posta s' era
In ginocchion , dicendo : Signor mio ,
Se io ti sono amanza e donna vera
  Leal , come dicesti , fa' che io
Ti veggia ritornar con quella gloria ,
Ch' io l' arme tue presenti al forte Iddio .
  A que' ch' hanno mestier della vittoria
Lasciali pria combatter che 'l periglio
Propio fuggi , ch' ognor , ch' a memoria
  Viemmi quel ch' io già in alcun pispiglio
Udii d' Ettor , che tanti cavalieri
Contasta combattendo , ogni consiglio
  In me fugge di me , e volentieri
Nel tuo andare ti vorrei aver detto ,
Ch' alla battaglia tu fossi 'l derrieri .
  Sola mia gioja , solo mio diletto ,
Fa' sì ch' io sia di tua tornata lieta ,

Che sanza te mai gioja non aspetto ..
    In tal maniera quivi mansueta
Si stava Laodamia tale volta
D' angosciosi sospir tutta repleta .
    Ora era ancora verso lei rivolta
Penelope , che ascoltando Ulisse
Giammai non fu dal suo amor disciolta ,
    Nella qual tenend' io le luci fisse
Fra me volgea , quanto fosse il disire
Di que' che mai non cre' , ch' a lei reddisse ,
    E quante volte del mondo sentire ,
Che per voler veder trapassò il segno ,
Dal qual nessun potè mai in quà reddire ,
    Io dico forza usando nel suo ingegno .

CANTO XXVIII.

    Non so chi sì crudel si fosse stato ,
Che quel ch' io vidi appresso rimirando ,
Di pietà non avesse lagrimato .
    Pareva quivi apertamente , quando
Dido partissi in fuga dal fratello ,
E similmente come edificando
    A più poter Cartagine nel bello
E util sito faceva avanzare ,
E come a 'ngegno l' abitava quello .
    Ricever quivi Enea , e onorare
Lui e' suoi ancor vi si vedea
Liberamente , e sanza dimorare
    Oltre mirando ancora mi parea
Vederle in braccio molto stretto Amore ,
Benchè Ascanio aver vi si credea ;
    Lo qual baciando spesso , del suo ardore
Prendea gran quantità occultamente ,

Tuttor tenendol nel segreto core .

   Eravi poi come insiememente
Costei con Enea e altri assai
A caval giva onorevolemente .

   Ripetendola in se quel che giammai
Più non pareva a lei aver sentito
Fuor per Sichèo , siccome avvisai .

   Il chiaro viso bello e colorito
Mirando Enea con benigno aspetto
Tornava bianco spesso e scolorito .

   Ma pervenuti quivi a un boschetto
Lasciando i cani a' cervi paurosi
Di dietro , incominciaro il lor diletto .

   Altri cornavano , e altri animosi
Correvan drieto , e gridando faceano
I can più per lo grido valorosi .

   Tutto un gran monte già compreso aveano
I cacciatori , e 'n una valle scura
Dido e Enea rimasi pareano .

   E si facendo fuor d' ogni misura
Un vento quivi pareva levato ,
Che di nuvoli avea già la planura

   Chiuso , e 'l monte ancora ; onde tornato
Pareva il sole indietro , e divenuto
Oscura notte il dì in ogni lato .

   Orribili e gran tuon ciascun sentuto
Avea ; i lampi venivano ardenti
Con piover tal che mai non fu veduto .

   Enea e Dido là fuggian correnti
In una grotta , e la lor compagnia
Perduta avian , di ciò forse contenti .

   Ivi parea che Dido ad Enea pria
Parlasse molte parole amorose ,
Dopo le quai suo disio scovria ;

Ove Enea ascoltar quelle cose
Vedeasi , lei abbracciata tenere ,
E quel piacer fornir , ch' ella gli porse .
   Venuti poi a lor reàle ostiere ,
E in tal gioja lungo tempo stati ,
L' uno adempiendo dell' altro il piacere ;
   In quel luogo medesimo cambiati ,
Vi si vedeva dell' uno i sembianti ,
E dell' altro i voleri esser mutati .
   Molto affrettando li suoi naviganti
Enea vi si vedea per mar fuggire ,
Le vele date a' venti soffianti .
   A cui Dido parea di dietro dire :
Oh me Enea , or che t' aveva io fatto ,
Che fuggendo disii il mio morire ?
   Non è questo servar tra noi quel patto ,
Che tu mi promettesti ; or m' è palese
Lo 'nganno ch' hai coperto con falso atto .
   Deh , non fuggir , se l' essermi cortese
Forse non vogli , vincati pietate
Almèn de' tuoi ; che vedi quante offese
   Ognora ti minaccian le salate
Onde del mar per lo verno nojoso ,
Che ora comincia , e già hanno lasciate
   Qualunque leggi nel tempo amoroso
Sogliono avere i venti , e ciascheduno
Esce a sua posta e torna furioso .
   Vedi , ch' ad ora ad or ritorna bruno
L' aer e nebuloso , e molti tuoni
E lampi lui percuotono , e nessuno
   Impeto surge , e che or non t' abbandoni ,
E faccia danno , e tu col tuo figliuolo
Ora cercate nuove regïoni .
   Posati adunque tu , e lo tuo stuolo ,

Lasciami almeno apparare a biasmarmi ,
Immaginando il mio eterno duolo ,
E poi se tu vorrai , potrai lasciarmi .

CANTO XXIX.

Riversata piangendo quivi appresso
Si stava Dido in sul misero letto ,
Dov' era già dormitasi con esso ,
Maladicendo se , e 'l tristo petto
Pien d' aspre cure aspramente battendo ,
Ripetendo ivi il perduto diletto .
In atto mi parea così dicendo :
O doloroso luogo , nel qual fui
Già con Enea , tanta gioja sentendo .
Oh me , perchè come ci avesti dui ,
Due non ci tieni ? Perchè consentisti ,
Che te giammai vedessi sanza lui ?
A' miei sconsolati membri e tristi
Porgi con falsa immagine letizia
Quanto per te lì spando , ove copristi
Molte fiate , giacchè 'n tristizia
Ora mi fa sanza cagione stare
Per lo suo inganno e coperta malizia .
Oh come trista lì rammaricare
La vi vedea con quella spada in mano ,
Che fe' poi la sua vita terminare ,
Rompendosi le nere vesti invano ,
Chiamando il nome d' Enea , che l' atasse
Si pose quella al suo petto non sano ;
E poi sopr' essa parve si lasciasse
Cader piangendo , e sospirando forte ,
Perchè la spada di sopra passasse .
Forata quivi dolorosa morte

L' occupò sopra 'l letto , ove sedea ;
Prima piangendo sua misera sorte .
    Appresso questo al mio parer vedea
Tanto contenti Florio , e Biancofiore ,
Quantunque più ciascuno esser potea .
    Tutto il loro trapassato dolore
V' era dipinto degno di memoria ,
Pensando al lor perfettissimo amore .
    E dopo questa piacevole istoria
Vi vidi Lancillotto effigiato ,
Con quella che sì lunga fa sua gloria .
    Lì dopo lui dal suo destro lato
Era Tristano , e quella , di cui elli
Fu più che d' altra mai innamorato ,
    E più assai ancora dopo a quelli
N' avea ch' io non conobbi , o che la mente
Non mi ridice bene i nomi d' elli .
    Ond' io , che 'n maggior parte la presente
Faccia compresa avea , ritornai 'l viso
A quella Donna più ch' altra piacente .
    Non so , ma credo che di Paradiso
Ella venisse , come io già dissi ,
Tanta ha biltà , valore , e dolce riso .
    O felice colui (con gli occhi fissi
A lei allora a dire incominciai)
Cui tu del tuo piacer degno coprissi :
    Ringraziato possa esser sempre mai
Il tuo Fattore , siccom' egli è degno ,
Veggendo le bellezze che tu hai .
    S' un' altra volta il suo beato ingegno
Ponesse a far sì bella creatura ,
Credo che lieto il doloroso regno
    E' metterebbe in gioja fuor misura .
Ch' Santi scenderiano alla tua luce ,

È que' d' abisso verrieno in altura .

Con questa gioja credo si conduce
Ciascun di questi , che pien della grazia
Di quel (ricominciai) che quì è duce .

Oh quanto è glorioso chi si ispazia
Ne' suo' disiri mediante questo ,
Se con vile atto tosto non sen sazia .

Non è occulto ciò , poscia che presto
Chi più ha pena , più oltre s' invia
A volerne sentir , benchè molesto

Dolendo , se altrui dica che sia ,
Dunque se questo martire è söave ,
La pace che ne segue chente fia ?

O quanti , quali già il tenner grave ,
Ch' avriano il collo a via maggior gravezza
Posto , sappiendo il dolce che 'n se ave .

Invidiosi alcun dicon mattezza
Esser , seguir con ragion quello stile ,
Che dà questo Signor di gentilezza ,

Lo qual discaccia via ogni atto vile ;
Piacevole , cortese , e valoroso
Fa chi lui segue , e più ch' altro gentile .

Superbia abbatte , onde ciascun ritroso ,
O di vil condizione esser non puote
Di sua schiera , e quinci invidioso
Va ischierando que' cui e' percuote .

CANTO XXX.

Volendo porre fine al recitare ,
Ch' a tutto dir troppo lungo saria ,
Tanto più ch' io non dico ancor vi pare ;

A quella Donna graziosa e pia ,
Che drento alla gran porta principale

Col suo dolce parlar mi mise pria.

 Lei mirando volta'mi : Oh quanto vale
(Dicendo) aver vedute queste cose
Che dicevate ch' eran tanto male .

 Or come si potria più valorose ,
Che queste sian giammai per nullo avere ,
O pensare o udir più maravigliose ?

 Rispose allor colei : Párti vedere
Quel ben che tu cercavi quì dipinto ,
Che son cose fallaci e fuor di vere ?

 E' mi par pur , che tal vista sospinto
T' abbia in falsa opinïon la mente ,
E ogni altro dovuto ne sia stinto .

 Adunque torna in te debitamente ,
Ricorditi , che morte col dubbioso
Colpo già vinse tutta questa gente .

 Ver è , ch' alcun più ch' altro valoroso
Meritò fama ; ma se 'l mondo dura ,
E' perirà il suo nome glorioso .

 E questa simigliante alla verdura ,
Che vi porge Ariete , che vegnendo
Poi Libra appresso seccando l' oscura .

 Nullo altro bene si dee andar caendo ,
Che quello , ove ci mena la via stretta ,
Dove entrar non volesti quà correndo .

 Deh , quanto quello a' più savi diletta
Grazioso eterno , e io il ti dissi ,
Quando d' entrar pur quì avesti fretta .

 Or dunque fa , che più non stien fissi
Gli occhi a cotal piacer , che se tu bene ,
Quel che gli è , con dritto occhio scoprissi ,

 Aperto ti saria , che in gravi pene
Vive e dimora chiunque speranza
Non saviamente a cotai cose tiene .

 Tu t' abbagli te stesso in falsa erranza
Con falso immaginar per le presenti
Cose , che son di famosa mostranza ,
 E io acciò ch' e' vani avvedimenti
Cacci da te , vo' che mi segui alquanto ,
E mostrerotti contro a quel ch' or senti ,
 Mostrandoti la gloria e 'l lieto canto
De' tristi , che in tai cose ebber già fede ,
Mutarsi in breve in doloroso pianto .
 Potrai veder colei , in cui si crede
Essere ogni poter ne' ben mondani ,
Quanto arrogante a suo mestier provvede .
 Or dando a questo , or ritornando vani
Ciò che diede a quell' altro , molestando
In cotal guisa l' intelletti umani .
 Per quel potrai veder vero pensando
Quanto sia van quel ben , ch' e' vostri petti
Va sanza ragion nulla stimolando ,
 Onde seguendo que' beni imperfetti
Con cieca mente morendo perdete
Il potere acquistar poi i perfetti .
 In tal disio mai non si sazia sete :
Dunque a quel ben che sempre altrui tien sazio ,
E per cui acquistar nati ci siete ,
 Dovrebbe ogni uom , mentre ch' egli ha spazio
Affannarsi ad avere . Omai andiamo ,
Che già il luminoso e gran Topazio
 In sulla seconda ora esser veggiamo
Già sopra l' orizonte , e il cammino
E lungo al poco spazio che abbiamo .
 Ma io spero , che 'l voler divino
Ne farà grazia , e io così gli cheggio ,
Ched e' non ci fallisca punto , infino
 Entrati stare là , ove quel seggio

Del perfetto riposo è stabilito
Per que' che non disian d' aver peggio .
  Po' ch' io ebbi sì parlare udito ,
A quella Donna , io le risposi : Andate ,
Nullo mio passo fia da voi partito .
  In questo sol vi priego , che mi atiate ,
Che là , dove disio mi trasportasse .
Contra vostro piacer , mi correggiate .
  Ella mostrò negli atti , ch' accettasse
La mia domanda , e mossesi ; e rivolta
Mi disse allora , ch' io la seguitasse .
  Tutti e tre insieme avvegnachè con molta
Fatica la seguimmo , e la cagione
Fu perchè quistionammo alcuna volta
  A non voler seguir sua mostrazione .

CANTO XXXI.

  Tosto finì il suo cammin costei ,
Che di quel loco per una portella
In alta sala ci menò con lei .
  Ell' era grande spaziosa e bella ,
Ornata tutta di belle pinture ,
Siccome l' altra ch' è davanti ad ella .
  Oh quanto quivi in atto le figure
Si mostravano tutte variate
Dall' altre prime , e non così sicure .
  Color con festa e con giocondiate
Parevan tutti con li vestimenti ,
Costor con doglia e con avversitate .
  Ahi quanto quivi parevan dolenti ,
E spaventati qualunque vi s' era
Con vili e poverissimi ornamenti .
  Ivi vid' io dipinta in forma vera

Colei , che muta ogni mundano stato ,
Talvolta lieta e tal con trista cera ;
  Col viso tutto d' un panno fasciato ,
E leggermente con le man volveva
Una gran rota verso il manco lato .
  Orribile negli atti mi pareva ,
E quasi sorda a niun priego fatto
Da nullo lo 'ntelletto vi porgeva .
  E legge non avea nè fermo patto
Negli atti suoi volubili e 'ncostanti ,
Ma come posto talor l' avea fatto
  Volvendo sempre ora dietro ora avanti
La rota sua sanza alcun riposo ,
Con essa dando gioja e talor pianti .
  Ogni uom che vuol montarci su sia oso
Di farlo , ma quand' io gitto a basso
In verso me non torni allor cruccioso .
  Io non negai mai ad alcuno il passo ,
Nè per alcuna maniera mutai ,
Nè muterò , nè 'l mio girar fia lasso .
  Venga chi vuol . Così immaginai
Ch' ella dicesse , perchè riguardando
D' intorno ad essa vi vid' io assai ,
  I qua' sù per la rota aderpicando
S' andavan colle man con tutto ingegno
Fino alla sommità d' essa montando ;
  Saliti su parea dicesser : Regno ;
Altri cadendo e 'n l' infima cornice
Parea dicessero : Io son sanza regno .
  In tal guisa un tristo , altro felice
Facea costei , secondo che la mente ,
La qual non erra , ancora mi ridice .
  Allor rivolto alla Donna piacente
Dissi : Costei , ch' io veggio qui voltare

Conosc' io per nemica veramente :

Tra l' altre creature , a cui mi pare

Dover portar più odio , questa è dessa ,

Perocchè ogni sua forza e operare

Ell' ha contro di me opposta e messa ,

Nè prieghi nè saper nè forza alcuna

Pacificàr mi può giammai con essa .

Ognora nella faccia persa e bruna

Mi si mostra crucciata , e sempre a fondo

Della sua rota mi trae dalla cuna ,

Gravandomi di sì nojoso pondo ,

Che levar non mi posso a risalire ,

Onde giammai non posso esser giocondo .

Ridendo allor mi cominciò a dire

La Donna saggia : E tu se' di coloro ,

Ch' alle mondane cose hanno 'l disire ?

A' quai se ella desse tutto l' oro ,

Che è sotto la luna , pure avversa

Riputerebber lei al voler loro .

Torrotti adunque di eotal traversa

Oppinione , e mostrerotti come

Più son beati que' che l' han perversa .

Il dir Fortuna è un semplice nome ;

Il posseder quel ch' ella dà ; è vano ,

O sanza frutto affanno se ne prome .

Udirai come , e se 'l mio dire strano

È dalla verità , conceder puossi ,

Che seguir vizio sia al salvar sano ?

Solamente da te vo' che rimossi

Sieno i pensier fallaci (se procede

Il mio parlar con ver) sicchè tu possi

In te vedere come si concede ,

Che quel che più al vostro intendimento

Aggrada , più con gravezza vi lede .

6

Allora rispos' io : I' son contento ,
Donna d' udire , acciò che 'l mio errore
Io riconosca ; perocchè io sento
  Non aver nulla esser grave dolore .

CANTO XXXII.

Incominciò allor costei a dire :
Voi terreni animai desiderate
I voler vostri tutti conseguire
  Mediante costei , cui voi chiamate
Fortuna buona e rea , secondo ch' essa
Vi dia , e to' mondana facultate .
  In prima alcuni domandano ad essa
Molta ricchezza , credendosi stare
Sanza bisogno alcun possedendo essa ;
  Vaghi sono altri sol di poter fare ,
Sicchè avuti sieno in reverenza
Da tutti , e 'n ciò s' ingegni d' avanzare .
  In alcuni altri aver somma potenza
Par sommo bene , e questo van cercando ,
Tanto gli abbaglia la falsa credenza :
  Riprendere altri si vanno ingegnando
Di nobil sangue , e 'l nome famoso
O per guerra o per pace van cercando .
  Ta' son che credon , ch' esser copioso
Di volontà carnal , ch' è van diletto ,
Faccia chi ciò possiede glorioso .
  Vogliono alcuni , acciò che il difetto
Del non potere si rivolga in potere ,
Ricchezza , e per poter porre in effetto
  Ogni libidinoso lor piacere ;
E così figli alcuni , altri altre cose ,
E questo interamente hanno in calere .

Se forse una di queste hanno ritrose
Al lor volere , qualunque s' è quello ,
Ch' alcuno aver nell' animo propose ,
  Incontanente con animo fello
Contra questa si turba , ed essa dice
Nemica , forse fu difetto d' ello .
  Intendi dunque e vedi , che felice
Costei non puote giammai fare alcuno ,
Posto che del mondan sia donatrice .
  Non vedi tu , che e' non è nessuno ,
Ch' abbondi in ricchezza , che non sia
D' ogni riposo e diletto digiuno ?
  Continovó nell' animo li fia
Pensiero e cura di poter guardarle ,
Temendo di nascosa tirannia .
  Vedi dunque che bene ha d' ammassarle ;
Poichè insidie tutto tempo teme ,
E in più quantità voler recarle .
  Il povero uom di tal cosa non geme ,
Nè perde sonno , nè lascia sentiero ,
Sol di sua vita trar pensiero il preme .
  Alla quale a voler narrare il vero
Poco gli basta ; ma il ricco avaro
Di molto aver non ha suo disio intiero .
  Me' puote ancora il ricco dar riparo
Alle fami e a' freddi , benchè puro
Le sente alcuna volta , o spesso o raro .
  Or quinci segue al pover , che sicuro
Vive di non cader , nè spera mai
Che caso fortunal li paja duro .
  Ricchezza adunque , quand'ella è assai ,
Più fa indigente il suo posseditore ,
Con più pensier , con più cura , e più guai .
  Colui che vuol per degnitate onore ,

Veggian , se la fortuna gliel concede ,
S' egli avrà quel che disia nel core .
  Or non agli occhi di qualunque vede
È manifesto , che tornan viziosi
Tantosto che neuna ne possiede ?
  Ma se per quelle forse virtuosi
Ne ritornassero , io consentirei
Che tutti voi ne foste disiosi .
  E d' altra parte dignità i rei
Fa manifesta , e ogni lor mancanza
È conosciuta più , ch' i' non potrei
  Nè parlar , nè mostrar ; dunque m' avanza
Questa se vi si mostra allor turbata ,
Quando chiedendo state in tale erranza .
  Beati alcuni si diria , se data
Fosse lor forse potenza reale ,
Non conoscendo il mal , di ch' è vallata .
  E questa podestà niente vale ,
Ch' ella non può fuggire il duro morso
Della sollecitudine , che male
  A lei non faccia ; nè può dar soccorso
A quel nojoso e rigido tormento ,
Che di paura dà l' amaro sorso .
  Togliendo questa cotal reggimento
Pace vi dona , dove guerra avreste ,
E voi nol conosceste , onde scontento
  Ogni uom pur quel , che dar non vuol , vorreste .

CANTO XXXIII.

La nobiltà del sangue altri a costei
Domanda , come se veracemente
Sì fatto don procedesse da lei .
  Oh quanto a domandare stoltamente

Si muovon questi , se l' operazioni
Non seguono il disio della lor mente .

   Colui che con perpetua ragioni
Governa il mondo , come Sei Fattore ,
D' esse crea nelle sue ragioni :

   Ogni anima , che nasce con amore
È iguale , e quella si muove da lui
Vegnendo lieta al generato core .

   Considerando dunque , che costui
Sia solo , e fàlle , egual conosceremo
Così gentil costui , come colui .

   E però manifesto vederemo ,
Che chi seguisse la diritta via
Delle virtù , come da **** avemo ,

   L' un come l' altro **** gentil fia ;
E chi da questa torce , si può dire
Non che villan , ma una bestia sia .

   A questi puo' tu dir , che in disire
Vien d' esser forse tenuti gentili ,
E cercan ciò per lor vizj coprire ;

   Tieni or ben mente , e vedi quanto vili
Sien lor domande , che s' ella concede ,
Superbi tornan , dov' erano umili .

   Onde da questo poi spesso procede ,
Ched elli scoppian niente tornando ,
Perchè s' ella nol fa , vie men li lede .

   Tratti ciascun con virtute operando
D' aver tal lode , che questa giammai
Non gliel torrà la sua rota voltando .

   E chi la vuole in altro modo guai
Va dimandando , e 'l come gli è coperto ,
E se ben guardi tu te ne avvedrai .

   Nè ciò è lungamente lor sofferto ,
Che degno guiderdon dalla giustizia

Eterna è lar di ciò in brieve offerto .

  E alcuni altri son , che gran letizia
Fanno , quando costei concede loro
Lussurïando poter lor malizia

  In operazion porre , e di costoro
È il numero grande , i qua' beati
Tengonsi , quanto più a tal lavoro

  Lusingando ne recano i malnati .
E se questo costei forse lor nega ,
Incontanente ver lei son turbati .

  Se ella forse copiosa si spiega
Tal grazia addomandando , in aspra pena
Non conoscendolo essi , i tristi lega .

  Vorrieno alcuni aver borsa piena
Per poter comandare . In quanto senno
Poco costor per via malvagia mena .

  Or credon che minaccevole cenno
Faccian le lor ricchezze , anzi il faranno
Quelli a cui per guardarle subietti enno .

  Già puoi veder , che gli uomin poco sanno ,
Che per aver delle cose mondane
Consuman se con non utile affanno .

  In brieve adunque queste cose vane
Si consumano e passano , e dovreste
In ciò vo' tutti aver le menti sane ,

  Ognor veggendo ciò ch' avvien di queste ,
Come partendo e tornando talvolta
Le menti vostre fanno liete e meste .

  Costei , di cui parlian , s' a voi rivolta
Con tristo viso vi si mostra spesso ,
Sebben hai tutta mia ragion raccolta .

  Ov' io ho quasi tutto quanto messo
Il suo poter , vi dovria rallegrare ,
E non porger dolor negando esso .

Nostro verace e util ragionare
Troppo si stenderia , volendo intero
Ciò che dir si porria , d'essa parlare .
 Di ciò ch'è detto basti , e con sincero
Parere fa' che il prendi , sicchè forse
Non traggi error del mio lucido vero .
 Ogni parer , che rimirar ti porse ,
Di là vedendo , caccia quel disio
Massimamente che di lor ti morse .
 Fiso mirando quello , perchè io
Quà entro ti menai , fa che col viso
Segui com'io col mio parlar m'invio .
 Ogni mondan valor vedrai conquiso
In termine assai brieve , fa ch'ascolti , —
E che non sia dal tuo intender diviso
 Ciò ch'io dirò qui appresso di molti ..

CANTO XXXIV.

Orribilmente percuote costei ,
(Cominciò ella a dir) chiunque sale
Sulla sua rota fidandosi a lei :
 Onde ciascun che è qui , per cotal male
Piangendo si rammarca , ed essa vedi
Che di tal pianto neente le cale .
 Il suo officio fa , e vo' che credi ,
Che rade volte aspetta il suo girare ,
Che lo stato di uno a' terzi eredi
 Venga , ma con mirabile voltare
Dà costei a questo , a quell'altro levando ,
Come vedi un salire , altro abbassare .
 Intento dunque quivi riguardando
Puo' tu veder quella città caduta ,
Che Cadmo fece lo bue seguitando ,

Potente , e grande più ch' altra tenuta
Ch' al mondo fosse , allora fu , ed ora
Di pruni e d' erbe la vedi vestuta ,
   Ruvinati gli ostier , nè vi dimora
Altri che bestie salvatiche e fiere ,
E quanto fosse grande parsi ancora .
   Jocasta trista vi può' tu vedere ,
Ch' al figlio moglie misera divenne ,
Bench' avvenisse sanza suo sapere .
   E vedi que' , che questa tutta tenne
Con tal voler del frate , per cui questo
Distruggimento misero n' avvenne ,
   Giace con lui in quel fuoco funesto
E quivi vedi il frate , che amendui
Fu l' uno all' altro uccider così presto .
   Oltre un poco poi vedi colui ,
Che sopra al mur di Giove fulminato
Fu , dispreggiando ancor negli atti lui .
   Con questi vedi Adrasto allato allato
Con gli altri regi , che l' accompagnaro
A quel distruggimento dispietato .
   Vedi Tideo , vedi il pianto amaro
Che fér le triste , che a compimento
In ristoro del duol la consumaro .
   Non t' è occulto or quanto mutamento
Dal bene al mal fosse quel di costoro ,
E quasi fu in un picciol momento .
   Pon mente poi un poco , dietro a loro
Troja vedrai , e 'l superbo Ilione ,
Ch' appena alcuna parte par di loro :
   Ora non v' ha nè tetto nè magione ,
Ma qual caduto , e quale arso si mostra ,
Come tu vedi , e sai ben la cagione .
   Così costei con cui le piace giostra ,

Sempre abbattendo chi s' oppone ad essa:
Ma perseguiamo alla materia nostra.

Or mira a piè della città depressa,
E vedi que' che già ne fu signore,
Quando da' Greci fu con forza aggressa;

Priamo dico, il lui sommo valore,
La sua ricchezza, la fama, e l' ardire
I molti figli, il potere, e l' onore

Raccontar non porriansi mai nè dire,
Questa arsa, e' figli morti innanzi ad essa
Tutti vide avanti il suo morire.

Ecuba trista puoi vedere appresso
Per doglia andar latrando come cane,
Morte chiamando che l' uccida spesso.

Similemente ancor delle Trojane
Genti vi vedi assai in sanguinoso
Lago star morte, e d' ogni possa vane.

Tra gli altri puoi vedere il valoroso
Ettor giacer, e non li valse niente
Contra costei il suo esser famoso.

Ivi Paris ancora, insiememente
Troilo, Polidoro, e Polissena
Veder puoi giacer assai vilmente.

Agamennone insieme, e la sua pena,
Poich' è da Marte, e Nettuno avanzato,
Vedi ch' Egisto a lui l' ultima cena

Togliendoli la vita dà, ingannato
Lui col vestir malizioso e fallace,
Nel quale e' tristo s' è ravviluppato.

E vedi ancor Senacherib, che giace
Morto dentro a quel Tempio, e vedi Enea,
E Turno, il quale si credeva in pace,

Lui caccia via. Appresso parea
Serse dolente, e tristo nello aspetto

Del passare Ellesponto ancor piangea .
  Oh quanto pien di furia e di sospetto
Atamante Teban , che uccise i figli
Quivi parea nel sembiante dispetto
  Nelle lor carni ancor con tristi artigli .

CANTO XXXV.

  Tu puo' (ricominciò la Donna a dire)
Veder qui Alessandro , ch' assalio
Il mondo tutto per voler morire ,
  E non esser però il suo disio
Pien , ma più che giammai esser ardente ,
E 'n tale ardor ; come vedi , morio .
  Lo qual fu quanto alcuno altro possente .
Nè però averia questa lasciato ,
Che se fosse vivuto , che vilmente
  Lui non avesse infino voltato
Della sua rota , ma quel che costei
Non fe' , morte adempiè nel nominato .
  E poi appresso puoi veder colei ,
Che pugnò con Pallade come stolta ,
Ch' ancor del fallo suo par dica : Omei .
  Come la vedi ancor quivi ravvolta
Ne' suoi stracci , in ragniuol trasmutata
Fu dalla Dea , e del laccio disciolta .
  Tu puoi appresso vedere effigiata
La sembianza di Dario , la quale
Di lieto aspetto in tristo par mutato .
  Oh come poco al presente li vale
Essere stato grande , anzi gli è noja
Or che si vede in disperato male .
  Aver puoi già udito quanta gioja
Avesse Niobe de' suoi figliuoli ,

La qual quì pare di dolor si muoja .

 Guarda un poco innanzi , se tu vuoli ,
Superbia lei potrai quivi vedere
Ancora incerta de' suoi tristi duoli .

 Lor puoi appresso ad uno ad un cadere
Morti d' intorno a lei ancor vedrai
Per la superba e suo poco sapere .

 In trista angoscia e in amari guai
La vedi quivi ritornata umile ,
Sanza suo pro di se piangendo assai .

 Appresso vedi que' che con sottile
Magisterio del padre uscì volando
Del Laberinto , che tenendo vile

 Miseramente ciò , ch' ammaestrando
Il padre gli avea detto , per volare
Troppo alto , in giù le sue reti spennando

 Ora si cala , e appresso affogare
Più là il vedi ne' salati liti ,
Questo avvien de' non savi seguitare .

 Riguarda poi più là , vedi smarriti
Il fiero Ciro , e Persio , e ne' sembianti
L' ardir perduto pajono inviliti .

 Or vedi ancora a mano a man da quanti
Uccelli il corpo di Nabuc è roso ,
Temendo il figlio , che per tempo avanti

 Surgendo del sepulcro poderoso
Non ritornasse , e lui cacciasse fore
Del regno dove vivea glorïoso .

 Ivi ve' tu ancora il gran romore ,
Che fanno le figliuole di Pïero
Voltate in piche per grave dolore ?

 Veggon sanza lor pro ora quel vero ,
Ch' a lor superbiamente s' occultava .
Nel lor parer fallace e non intero .

E quivi appresso costei mi mostrava
Cartagine in ruvina tutta accesa
D' ardente fuoco , che la divampava .

Riguardar quella con sembianza offesa
Mi mostrò quella Donna Scipione ,
Al cui valor non potè far difesa .

Seguiva con non poca ammirazione
Annibale turbato nello aspetto ,
O di quella o di sua distruzione .

In abito dolente e con sospetto
Quivi Asdrubale ancora si vedea ,
Col capo basso mirandosi il petto .

Là similmente veder mi parea
La distruzion della antica cittate
Di Fiesole , la qual tutta cadea .

Ivi pareva la gran crudeltate ,
Che 'l Pistolese pian sostenne pieno
Di Catellino , le cui opre spietate

Quasi narrando non verrian mai meno ,
Avvegnachè a ragion posto li fosse
Nella effreneta bocca cotal freno .

Vedevasi ancora le percosse ,
Che Mario da Lucio sostenne ,
Quando la briga cittadina mosse .

A' quai , così come a colui n' avvenne ,
Possa avvenir , che nelle città loro
A suscitar battaglia metton penne ,

Lasciando il comun ben per suo lavoro .

CANTO XXXVI.

Intento ora ti volgi a riguardare
La vendetta di Dio , che non oblìa
Mai fallo alcun , che si debbia purgare .

Se 'n parer posto forse ad alcun fia ,
Ch' ella si mova con un lento passo ,
Non è così , ma quel troppo disia .
    O se va forse adagio al tristo lasso ,
Ch' aspetta quella per la fatta offesa ,
Non giova già , che più greve fracasso
    Segue per quello indugio , sì compesa
Al fatto fallo , sicchè igualmente
Da ogni parte la bilancia pesa .
    Pon mente là a colui , che sì vilmente
Veste , e si tien la mano alla mascella ,
Mostrando se nel sembiante dolente ,
    (Incominciò colei) oh quanto fella
Fu l' aspra signoria , che 'n Siragusa
Tenne , mentre per lui si guario quella ,
    Nel tempo avanti che li fosse chiusa ,
Tiranneggiando fieramente in essa
Sanza ricever o priego o scusa ,
    Tenea la gente sì vilmente oppressa ,
Ch' ognun piangeva , e dicer non osava
La doglia sua per tema d' altra ressa .
    Oh come fiero li tiranneggiava ,
E' Dionisio fiero fu chiamato ,
Per la fierezza , la quale elli usava .
    Così avvenne , che ne fu cacciato
Con tanta noja e con tanto furore ,
Ch' a lui parve aver vinto esser campato .
    Onde fuggendo ad Atena , il dolore
Mitigato pensò per non morire
Di fame , farsi in lettera dottore .
    Non vedi tu , ched e' fa là aprire
I libri a' garzonetti , e mostra loro
Com' una lettera altra dee seguire ?
    Poi guarda avanti nel dolente coro ,

E vedrai Tessaglia sanguinosa ,
Del Roman sangue mistiata e di ploro .
   Or guarda quivi , e vedi isconcia cosa ,
Tanti grandi uomin , tanti valorosi
Esser sommessi a rovina angosciosa .
   Simile guarda quanto ponderosi,
Son gli alberi del sangue , che portati
V' hanno li piè degli uccellon golosi ,
   I qua' si son prima ben satollati
De' corpi morti , che sanza alcun foco
O sepoltura stanno qùi gelati .
   Fra' folti boschi o 'n tane o altro loco ,
Leon nè lupo nè can par rimaso ,
Che non si pascan quivi o molt● o poco .
   Ondeggiar vidi del dolente caso
I tristi fiumi e ispumanti e rossi
Del tristo sangue non isparto in vaso .
   Riguarda là Pompeo con volti dossi ,
Che fuggendo abbandona il campo tristo ,
E ancor ve come a Lesbos posossi .
   Se là rimiri con sembiante misto
Di lagrime Cornelia accoglier lui
Vedrai , poichè sconfitto l' ebbe visto .
   E vedi ancor come quindi con lui
Si parte , e vanne per mare in Egitto ,
In se immaginando , che colui
   Dovesse lui ricevere , respitto
Avendo al regno che avuto avea
Da lui , ma 'l suo pensier non venne dritto .
   Davanti mi mostrò , dov' io vedea ,
Come scendea del suo legno Pompeo ,
Perchè carico troppo li parea ,
   Di quello entrando in un , che Tolomeo
Per Achillas insieme con Settino

Sotto spezie d' onor menar li feo .
 In quel già assettato lui meschino ,
I traditori alquanto indi lontani
Pigliaron lui , quasi al suo mal vicino
 Siccom' parea , il capo e l' aspre mani
A lui tagliaro , e 'l tronco in mar gittaro ,
E quello al Sir portaron di lor cani .
 Ivi pareasi ancora il duolo amaro ,
Che Cesar fece quando vide il busto
Del Capo , ch' a' Roman fu tanto caro .
 Onde un dolente , povero , e vetusto
Prendea di notte quello al mio parere ,
E poi con picciol fuoco lui combusto
 Sotterrato ebbe secondo il potere
In piccoletta fossa , ricoprendo
Lui del sabbione , con lagrime vere
 Il suo infortunio ripetea piangendo :

CANTO XXXVII.

Vedevavisi appresso quanto e quale
Già fosse stato Cesare tenendo
In prima in Roma offizio imperiale .
 Oh quanto poco questo possedendo
Il vedea gloria , che quivi a lato
Tra' Sanatori il vedeva morendo ,
 Lui avendo essi tutto pertugiato
Co' loro istili , e quegli era piggiore ,
Cui elli aveva già più onorato .
 E simile a rabbia e a gran furore
Di Neron si vedeva terminare
In brieve tempo con molto dolore .
 Risprendevavi ancora come pare ,
Ciò che fe' Giuba mai , e ivi appresso

Dopo 'l salir , il suo tristo ealare .

   Tarquin , Porsenna , e Lentulo dop' esso
Ovidio , Tullio , Amulcar si vedeano ,
E altri molti , i quali io con espresso
   Riguardo non mirai , perchè già pieno
Di tal materia aveva lo 'ntelletto ,
Eran tanti , che non venien meno .

   O beato (diss' io) quel , che l' affetto
Ad altre cose tira , che a queste ,
Le quali stato mostrano imperfetto .

   Più vili , che altre sono , e più moleste ,
Piene d' inganno , e d' affanno gravoso ,
E la lor fine è sola mortal peste .

   Poi mi voltai al viso grazioso
Di quella Donna , che m' avea condotto ,
Dicendo : Il mio voler , che fu ritroso ,

   Or è tornato drieto , e già non dotto ,
Che questi ben terren son veramente
Que' , che avanti ciascun mettono sotto .

   Nessun porria pensar , che tanta gente
Così famosa , di tanta virtute
Fortuna avesse fatto sì vilmente .

   Fosse chi nol vedesse , o chi salute
Spererà omai , se non coloro ,
Che le vere ed eterne han conosciute ?

   Il più far quì omai lungo dimoro ,
Donna , mi spiace , però giamo omai
Dove volete , e quì lascian costoro .

   Allor disse la Donna : Or t' è assai
Aperto , che costei esser turbata
Vi dà salute , e iscemavi guai .

   Ma se tu fossi stato altra fiata
Così disposto , come ora ti sento ,
Già meco fori in capo alla montata .

Ma poichè del seguirmi se' contento ;
E hai vedute le mondane cose,
Volubili e caduche più che vento ;

    Appresso viemmi , che le gloriose
Eterne vederai . Ma non torniamo
Onde venimmo per le 'mpetuose

    Tralciute vie ; ma di quà tegniamo ;
Che picciola rivolta alla portella
Prima ci menerà , che noi volgiamo .

    Ora si mosse questa ; ed io dop' ella
Di quelle cose molto ragionando ;
Ch' eran dipinte nella sala bella .

    Ognor seguendo lei ; così mirando
Intorno a me per veder ciò che v' era ,
E nella mente ogni cosa recando ;

    Sì vid' io per una porta , ch' era
Alla sinistra mano , un bel giardino
Fiorito e bello , com' di primavera .

    Entrian (diss' io) in questo orto vicino ,
Donna , se piace a voi , che poi alquanto
Ricreati terrem nostro cammino .

    Là entro udiva io festa e gran canto ,
Onde mi crebbe d' esservi il desio ,
Sicch' altri mai non disiò cotanto .

    Mirandomi allor dopo vi vid' io
I due primier , che dicean : Che non passi
Dentro , poichè ardi di volere ? Ed io

    In fra me già dicendo : Se tu lassi
Costei per colà entro voler gire ,
S' ella non vien , chi guiderà i tuo' passi ?

    Oh (cominciò costei allora a dire)
Che credi tu , che colà entro sia ?
Troppo ti volge ogni cosa il disire .

    Faccian , mentre avem tempo , nostra via ;

7

Che come tu costà pinto hai veduto ,
Così v' è drento mondana vania .
   Il ver è che ora avanti conosciuto ,
Secondo il tuo parlar , avendo tutto ,
Seguilo , e non voler con non dovuto
   Operar seguir donna , e perder frutto .

CANTO XXXVIII.

   Comincia' io allora : A te che face
L' entrar là entrò , e un poco vedere ?
Io verrò poi là ovunque ti piace .
   Or veggio ben , che tu il tuo piacere
Vuoi pur seguire in ciascuna cosa ,
E fai quel che tu vogli a me volere .
   Così mi disse , e quasi dispettosa
Soggiunse : Andian , che ne potrà seguire ,
Che quando tu in più pericolosa
   Angoscia ti vedrai , vorria reddire
Con meco a drieto , e non esser forse ito ,
E io ti lascerò in tal martire .
   Non fu il suo parlar da me udito
Allor per poco ; tanto avea la mente
Pure al giardin verdeggiante e fiorito .
   Tutti e quattro v' entrammo insiememente ,
Tanta gioja vi vidi , che ciò ch' io
Dinanzi vidi , ivi m' uscì di mente .
   Ahi quanto egli era bello il luogo , ov' io
Era venuto , e quanto era contento
Dentro da me l' ardente mio disio .
   Rimirando m' andava intorno attento
Per lo giojoso loco , scalpitando
E' erbette e' fiori col mio passo lento .
   Sì con diletto per lo loco andando

Vidi in un verde e piccioletto prato
Una fontana bella e grande , e quando
  Io m' appressai a quella , d' intagliato
E bianco marmo vidi assai figure
Ognora in diverso atto ed in istato .
  Mirando quelle vidi le sculture
Di diversi color. , com' io compresi ,
Qua' belle , e qua' lucenti , e quali scure .
  Vidi lì un bel marmo , e que' sediési
Sopra la verde erbetta , di colore
Sanguigno tutto , e 'n su quella stendiési
  In piano , e s' io già non presi errore
Nell' avvisare una canna per verso ,
Quadro e basso e lucido di fore .
  Sovr' ogni canto di quel marmo terso
Di marmo una figura si sedea ,
Benchè ciascuna avea atto diverso .
  Umil , bella , soave mi parea
L' una di queste , e due spiritelli
Con una mano appiè di se tenea .
  Abituati parlando con quelli
Gli aveva sì in un volere recati ,
Che ciascun contento è di quel ch' elli
  All' altro vedea 'n voglia , e colorati
Eran li suoi vestir , di tanti e tale
Color , ch' io non gli aure' mai avvisati .
  Nell' altro canto a man destra , ch' eguale
Spazio occupava , una donna vi stava
Ad ogni creatura diseguale .
  Ella nel capo suo quivi mostrava
Tre visi , era vestita ciò mi pare
Come di neve , e così biancheggiava .
  Là vid' io poi nel terzo angolo stare
Una Donna robusta tutta armata

Ad ogni affanno presta di portare ,
  l'area di ferro questa ivi formata
Tutta a veder , e dopo lei seguia
Un' altra sopra 'l quarto angol fermata .
  Rimirando colei ognun diria ,
Che di fino smeraldo fatto fosse
In abito piacente , umile e pia .
  Or quel che più a mirarle mi mosse
Fu un vaso vermiglio grande e bello ,
Che tutte sostenean colle lor posse ,
  Fermato sopra loro il bel vasello
Più che 'l sanguigno marmo si spandeva
Sopra 'l fiorito e verde prato . Quello
  Egli era tondo , e 'n mezzo d' esso aveva
Fermata una colonna piccioletta ,
Che diamante in vista mi pareva ,
  Ritonda e bella , e sopra quella eretta
Un capitel v' aveva di fino oro
Fatto con maestria non miga in fretta .
  E sopra queste figure dimoro
Faceano ignude e le spalle rivolte
Erano l' una all' altra di costoro .
  Rideva l' una in atto , benchè molte
Lagrime fuor per gli occhi ella gittasse ,
Che poi nel vaso parevan raccolte .
  Bruna era e nera , e poi che somigliasse
Foco pareva l' altra , e dalla popva
Acqua gittava , e la terza sopr' asse
  Rampollava ancor bianca , ma non troppa .

CANTO XXXIX.

  Oh quanto bella tal fonte pariami ,
E quanto da lodar , talchè giammai

Di mirarla saziato non sariami .

Com' io a basso al vaso riguardai
Dove l' acqua cadea . ch' era gittata
Da quelle tre , se bene immaginai ,

O vidi il vero ; io vidi ch' adunata
Era da parte quanta ne gittava
La bianca Donna , e la effigiata .

Onde uscia quella del vaso vi stava
Un capo d' un leone , e ver levante
D' un picciol fiume il bel giardin rigava .

Tolto di quivi , e fattomi più avante
Ciò che la Donna vermiglia spandea
Nel vaso , vidi fare il simigliante .

Rimirando esso ancora vi vedea
Una testa d' un toro al mio parere ,
Del qual quell' acqua ad un' asta ascendea .

Oltre ver mezzogiorno il suo sentiere
Tenendo mi parea , che se ne andasse
Ancor rigando il piacente verziere .

Poi mi parve ch' alquanto mi tirasse
In ver la terza Donna tutta nera ,
Che ridendo parea , che lagrimasse .

Parevami , che poich' adunato era
Suo lagrimar nel vaso , che scendesse
Per un testa ancora , che quivi era ,

Ove mirando parea ch' io vedesse ,
Che lupo fosse , e questa se ne gia
Or quà or là , nè parea che tenesse

In l' andar suo nulla diritta via ,
Ad austro talora , e ver ponente
Scendendo , non so dove si finia .

Ciò che dal leon cade pianamente ,
Di ciò che corre e sopra li suoi liti
D' erbe e di fior si vede ognor ridente .

Erba non v' ha , nè frutti che smarriti
Teman dell' autunno , ma tuttora
Con frutti e fronda be' verdi e fioriti
   Ivi dimoran , nè ma' si scolora
Prato , ma bel di variati fiori
La state , e 'l verno sempre vi dimora .
   E quel ruscel , che al toro di fuori
Cade di bocca , è similmente è bello
D' erbe , e di fior di diversi colori
   Rivestito ha ciascuno albuscello ,
E 'l dolce lito che porta verdura ,
E similmente d' ogni gioja uccello .
   Odesi alcuna volta in la pianura
Le frondi risonar per dolce vento ,
Il qual si move da quell' aere pura .
   Ogni pratel di quel lito è contento
Di mutar condizione a tempo e loco ,
Secondo ch' ha 'l vigore acceso o spento .
   Rallegravisi ogni animale , e gioco
Vi fa , secondo che Amor lo strigne
Sotto la forza sua , o molto o poco ,
   Ovunque la natura più dipigne
La terra di bellezza , e a rispetto
Nullo di quello che quel fiume tigne .
   Così veduto quel collo intelletto ,
Io corsi a quel che fuor del lupo usciva ,
Ov' io non vidi un albero soletto ,
   O altra pianta , la qual verde o viva
Vi sia , ma secca la pianura trista
Biancheggiar tutto all' occhio si scopriva .
   Aveva ben del fiumicel la lista
Tinta la terra d' un suo color perso ,
Che quasi lo schifava la mia vista .
   Mossomi allora quindi , e a traverso

Presi il sentiero per lo bel giardino
Per gire al fiume del bel toro emerso,
  E quella Donna con cui il cammino
Impresi prima, disse : Se ti piace
Andian per questa via, che più vicino
  Ne fia 'l sentier, che ci merrà a pace,
Dove tu vai, come tu hai veduto,
E del ben transitorio e fallace,
  Del qual se tu ti se' bene avveduta
Come dicevi, e come il tuo parlare
Mostrava, che avessi conosciuto,
  A quel non guarderesti, ma andare
Il lasceresti come cosa vana,
E 'ntenderesti al sol me seguitare.
  Trai della mente tua quel che insana
Esser la fa, giovi quel ch' io ti dico,
E per quel falla che ritorni sana,
  E non esser di te stesso nemico.

CANTO XL.

La Donna mi parlava, ed io mirando
Con l'occhio andava pur, dove 'l disio
Mi tenea fitto non so che ascoltando.
  Avevavi davanti al parer mio
Su quella riva assai donne vedute,
Di cui veder in tal voglia venn' io,
  Ch' io dissi : Donna mia, a mia salute
Non pensar più ch' i' voglia, a tempo e loco
Farò d' adoperar la tua virtute ;
  Ch' ora di nuovo m' è nel core un foco
Venuto d' esser là ; però o vienci,
O tu m' aspetta in fin ch' io torni un poco.
  In qual parte vorrai, poi insieme andrenci,

Nostra stanza fia poca veramente,
Che noi da veder quelle liberenci.
   Oltra n' andai sanza più dir niente
Co' due, che mi traevano, e costei
Quasi scornata mi teneva mente
   Con intentivo sguardo, ed io a lei
Sanza dir nulla la vi pur lasciai,
O bene o mal non so quale io mi fei.
   Ardito con costoro oltre passai,
E sulla riva del bel fiumicello
Vidivi io donne, ch' io conobbi assai,
   E riguardando lor con occhio snello
Qual gia cantando, e qual cogliendo fiori,
Chi sedea, e chi danzava in un pratello.
   Bello era il loco, e di soavi odori
Ripien per molte piante, che 'l copriano
Dal sole e dalli suoi già caldi ardori;
   E' suoi cavalli al mio parer saliano
Già sopra la quarta ora, e mezzo il segno
Dello Friseo monton co' piè teniano.
   Non credo ched e' sie sì alto ingegno,
Che 'nteramente potesse pensare
Le bellezze di quelle, ch' io disegno.
   Rimanga adunque qui questo lodare,
Sol procedendo a' nomi di coloro,
Ch' io vi conobbi degne di nomare,
   Infra quel bello e grazioso coro
Di tante donne vidi una bellezza,
Ch' ancora stupefatto ne dimoro.
   Pietoso Apollo alquanto della altezza
Del tuo ingegno mi presta, o tu ispira
Ora ver me con la tua sottigliezza;
   Omero, Maro, Naso, o chi più mira
Discrezione, o di donna o di Dea.

Sì saria poco a quella che si gira
   Sopra quel prato, ov' io vidi sedea
Giovinetta leggiadra, e tanto bella,
Ch' io la pensai per fermo Citerea.
   Inginocchia'mi per volere ad ella
Far reverenza, ma poscia m' avvidi,
Ch' era madonna, e simigliava stella.
   Sallosi Amor, che i piatosi gridi
Dal cor sentì a sì mirabil vista,
Ch' io nol so dir, che non ho chi mi guidi;
   E se pure conforto l' alma trista,
Poichè per gli occhi sentì il dolce raggio
Di tal bellezza per obliqua lista;
   Istesi adunque in ver di lei il visaggio.
E s' a sua posta l' alma, ch' altra guarda,
Dar si potesse, io mutere' coraggio.
   Nel viso, che d' Amor sempre par ch' arda,
Affigurai mirando con diletto,
Che costei era la bella Lombarda.
   Signore eterno, a cui nessuno effetto
Mai si nascose, alla giusta preghiera
Rispondi, e dì, fu mai sì bello aspetto?
   Essa sopra la verde primavera
Si riposava con altre d' intorno,
Delle quali il bel luogo ripieno era,
   Facendo colla luce dell' adorno
E bellissimo viso, riflettendo
Con lume troppo più il chiaro giorno;
   Rimirando talor fra se ridendo
Ver me, di me, ch' arso mi raccendeva
Di nuova fiamma ancora lei vedendo.
   Udire appresso questa mi parea
Cantar tanto soave in voce lieta,
Come di me sovente mi toglieva,

Così al canto libera è quieta
Tutta la mente avea disposta ; allora
Che con benigna voce e mansueta :
　　Troppa quì lunga dispedian dimora ;
(I due mi dissero) a' quà' rivoltato
Risposi : Andian , sed e' vi par ancora ,
　　Oltre la via prendiamo per lo prato ,

CANTO XLI.

Oltre passando tra' fiori e l' erbetta
In loco pien di rose e d' albuscelli,
Venimmo , ove ciascun di noi ristette ,
　　Fralli quà' canti piacenti d' uccelli
S' udivan tai , che io mi saria stato
Quasi contento pure ad udir quelli .
　　Or mirando più là nel verde prato ,
Donne vi vidi una carola fare
A uno strano suon , ch' una dal lato
　　Ritta come mi parve udir sonare ,
Io non conobbi lei , posto ch' assai
Bella paresse a me nel riguardare .
　　Sicch' io avanti all' altre riguardai ,
Orrata quella , a sua somma grandezza
Si conveniva , in atti lieti e gai ,
　　Esser la mira e piacevol bellezza
Di Peragota nata genitrice
Dell' onor di Durazzo , e dell' Altezza .
　　Ah quanto allor mi reputai felice
Non rispiarmando gli occhi a mirar quella ,
Che per bellezza si può dir fenice .
　　La qual non donna , ma Diana snella
Con passo rado la menava attenta
Non altrimenti che si volga ad ella .

Con gli occhi bassi del mirar contenta,
Che ciò facea in lei, che già sentia
Come d' altrui per biltà si diventa.
   Vaga e leggiadra molto la seguia
La amica Fiorentina, al cui piacere
Appongon tai, che non san che si sia,
   Nel viso lei parer un cavaliere
Onest' andando sì umilmente,
Ch' oltra dovere me ne fu in calere.
   Dopo essa attenta al suon similemente
Venia quella Lisa, che trasse Ameto
Dal volgar viso dell' umana gente,
   In abito soave e mansueto
Ingrillandata di novella fronde
Con lento passo e con aspetto lieto.
   Lì dopo lei bianca e rubiconda,
Quanto conviensi a donna nel bel viso
Tutta gentile graziosa e gioconda
   Era colei, di cui nel fior d' aliso
Il padre fu dall' astuzia volpina
Col zio, e col fratel di lei conquiso
   Con molta della gente Fiorentina,
Li qua' livraron lor, poscia per merto
Troppo più che 'l dover pace vicina.
   Tra tanto ben, quanto a' mie' occhi offerto
Era 'n quello, che vid' io poi seguire
Come rammemorar me ne fa certo,
   Ognor più belle, e più conte nel gire
Donne altre assai, i nomi delle quali
Io non saprei di tutte ben ridire;
   Però le taccio, ma con disuguali
Passi e maniere sì movea catuna,
Siccome il suo ne porgeva segnali,
   Oltre al parer mio, e ciascheduna

A tal bisogna cotal lieta e presta
Mi pareva che fossé per ognuna .

 Ridendo in se prendeva gioja e festa ,
Sanza mostrar negli atti , ch' altra cura
Le fosse forse dentro al cor molesta .

 Givansi adunque su per la verdura ,
E sopra i fior , che nuovi produceva
Allato al rivo la bella pianura .

 E talor quella che le conduceva
Fino alla bella fonte se ne giva ,
E 'ntorno ad essa in giro si torceva

 Sopra tornando per la chiara riva
Del fiumicello , e poi nel pian tornando ,
Che di diversi odori tutto uliva .

 Sempre con l' occhio quelle seguitando
M' andava io , e dentro lo 'ntelletto
La lor bellezza giva immaginando ,

 E di quelle prendea tanto diletto
In se , ch' alcuna volta fu che io
A tal piacer credetti far subietto

 Alla mia voglia qui v' era lo mio
Libero arbitrio , ma pur si ritenne
Con vigorosa forza il mio disio .

 Voltatomi a' que' due allor mi venne
Ch' eran con meco verso lor dicendo :
Oh quanto a queste Natura sovvenne

 Ogni bellezza in esso componendo ,
Beati que' , che della grazia d' esse
Son fatti degni , quella mantenendo ,

 La qual volesse Iddio che io l' avesse .

CANTO XLII.

E mentre ch' io n' andava sì parlando
Con questi due , ed ecco d' altra parte
Molte donne gentili assai danzando .

Certo non credo , che natura od arte
Bellezze tante formasser giammai ,
Quanto ne' visi a quelle vidi sparte ,

Tra me medesmo men maravigliai ,
Ma volto il viso a lor come venieno ,
Così nella memoria le fermai .

Onde mi par , che quella cui seguieno
Danzando a nota d' una canzonetta ,
Che due di quelle cantando dicieno ,

Raffigurando era una giovinetta
Dell' alto nome di Calavria ornata
Di Carlo figlia , gaja e leggiadretta ,

Reggendo quella alla nota cantata
Con molti degni passi a cotal danza
Come mi parve appresso seguitata .

Ivi dall' alta ed unica intendanza
Del Melanese , che col gran Lucchese
Abbattè di Cardona l' arroganza .

Nella man della qual poi la cortese
Donna di quel , cui seguita in Ungria ,
Bellissima si fece a me palese ,

Graziosa venendo onesta e pia ,
Con lieta fronte in atto signorile
Fece maravigliar l' anima mia .

Riguardando oltre con sembianza umile
Venia colei , che nacque di coloro ,
Che tal fiata con materia vile

Aguzzando lo ingegno a lor lavoro
Fer nobile colore ad uopo altrui

Multiplicando con famiglia in oro .

Tra l' altre nominate da colui
Che concepia , abbandona le reti
Per seguitare il Maestro , per cui

I tristi duoli , e gli angosciosi fleti
Fur tolti a' padri antichi , e parimente
Da lui menati negli regni lieti .

Appresso questa assai vezzosamente
Se ne veniva la novella Dido
Di nome , non di fatto veramente ,

Tenendo acceso nel viso cupido
Di tale spasso , ch' assa' mal contenta
Credo la faccia nel marital nido ,

E 'l nome di lui di due s' imprenta ,
D' uno albero , e d' un tino , e 'l poco fatto
Dal suo diminutivo s' argomenta :

Costei seguiva con piacevole atto
Donna , che del sussidio d' Orione
Il nome tiene quanto son per patto .

O quanto ella vorria (ed a ragione)
Vedova rimaner Partenopea ,
Di tal ch' ha nome di quel ch' ha menzione

L' Agosto da Dascesi , e poi vedea
Dopo essa molte , le qua' raccontare
Per più brieve parlar meglio è mi stea .

E com' io dissi ad un dolce cantare
In voce fatto angelica e sovrana
Era guidata , qual di sotto pare .

In chiunque dimora alma sì vana ,
Ch' esser non voglia suggetta ad Amore ,
Da nostra festa facciasi lontana .

Lo suo inestimabile valore ,
Che adduce virtute e gentilezza ,
A ciascuna di noi disposto ha il core :

A sempre seguitar la sua grandezza ,
E lui servendo staremo in disire
Tanto , che sentiren quella dolcezza ,
  Ched' è concede altrui dopo 'l martire ;
Null' altra gioja al suo dono è iguale ,
Poichè per quel sembra dolce il morire .
  Vita , che sanza lui dura , non vale
Nè più nè meno , che se ella fosse
Cosa insensata , o d' un bruto animale .
  In quel disio adunque , in che ci mosse ,
Quando fè sua signoria sentirsi
A sostenere inforzi nostre posse .
  Benivol poi essendoci a largirsi ,
Sicchè , deh , non ci pajan le ferute
Di te nojose , nè grave il soffrirsi ,
  In cui costrinse la nostra salute ,
Quando parralli la dobbiamo avere .
Dandola tosto con la sua virtute .
  L' altre poi tutte appresso al mio parere
Rispondendo , diceano : O signor nostro ,
In te si ferma ogni nostro volere ,
  Tutte disposte siamo al piacer vostro .

C A N T O XLIII.

Aveami già quel canto , e la bellezza
Delle giovani donne l' alma presa ,
E riempiuta di nuova allegrezza ,
  Tanto che ad altro la mente sospesa
Con gli occhi non tenea , che non facieno
Alli raggi di lor nulla difesa ;
  E com' io loro alzai , vidi sedeano
Donne più là quasi se riposando ,
Che forse fatta festa innanzi aveano .

Queste , mentre andava riguardando ,
D' erbe e di fiori tutte coronate
Vidi , ed insieme d' Amor ragionando .

   Ver è , ch' ell' eran di maturitate
Di costumi e di senno e di valore ,
E di bellezza molto e molto ornate .

   E volto verso là , il primo ardore
Della bellezza dell' altre fu spento ,
Di tutte fuor che d' una nel mio core .

   Sicch' io con passo mansueto e lento
A quelle m' appressai , com' io potei ,
Ed a mirarle mi disposi attento .

   Tra l' altre che io prima conoscei
Fu quella Ninfa Sicula , per cui
Già si maravigliaron gli occhi miei .

   Oh quanto bella lì negli atti sui
Biasimando le fiamme di Tifeo ,
Si sedea ragionando con altrui ,

   Mostrando come per quelle perdeo
L' amato sposo in cieco Marte preso ,
Allor che tutto vinto si rendeo

   In Lipari lo stuolo , ond' elli offeso
Col bianco mento nel campo vermiglio
Ne fu menato , ove ancora è difeso ,

   Mutando inchiusa dell' aureo giglio
Donde doleasi , perch' a lui riavere
Non valean prieghi , denar , nè consiglio .

   Ove costei così al mio parere
Quivi doleasi , attenta l' ascoltava
Giovine donna di sommo piacere ;

   Simile a cui nessuna ve ne stava
Per quel ch' Amor paresse nel suo viso ,
Che d' ogni biltà pien si dimostrava .

   Sariasi detto , che di Paradiso

Fosse discesa , da chi 'ntentamente
L' avesse alquanto rimirata fiso .
　　E com' io seppi ell' era della gente
Del compagnon , che lo Spagniuol seguio
Nella cuppa , nel dire , e con la mente ;
　　A se facendo sì benigno Iddìo ,
Che d' ampio fiume di scienza degno
Si fece , come poi chiar si sentio ;
　　Facendo aperte col suo sommo ingegno
Le scritture nascose , e quinci appresso
Di Carlo Pinto gì nello dio regno ,
　　Facendo se da quella in cui compresso
Stette Colui , che la nostra natura
Nobilitò , nomar , che poi l' eccesso
　　Asterse della prima creatura
Colla sua pena , e quivi coronata
Della fronda Pennea con somma cura
　　Raggiugnea fior per farsi più ornata ,
Mostrandosi tal fiata pietosa
Della noja della altra a lei narrata .
　　Con questa era colei , ch' essere sposa
E figliuola perdè quasi in uno anno ,
Di brun vestita e nel viso amorosa .
　　Oggi tornando dove i fabbri stanno
Vulcanei , e Miropoli , e coloro
Ch' ornan di freno , e di sella , all' affanno
　　Me sostener l' animal , ch' al sonoro
Percuoter de' Centauri apparve fori
Nel bel cospetto del celeste coro .
　　E il bel nome , che gemmier maggiori
Danno alla perla , è suo , il cui cognome
Gli asinin legan di que' guardatori .
　　Splendida , chiara , e bella era siccome
Nel ciel si mostra più lucente stella

8

Di vel coperte l' aurate chiome .
   Vaga più ch' altra si sedea con ella
Un' altra Fiorentina in atto onesto
Assai passante di bellezza quella .
   Ben m' accors' io chi era , e che dal sesto
Cesare nominato era il marito ,
Qual , che 'l conosce , il pensa a lei molesto .
   Guardando adunque nel piacente sito
Costoro , e altre che v' erano assai ,
Sentiva ben da me mai non sentito
   In guisa tal , ch' io men maravigliai ,

CANTO XLIV.

   Era più là di donne accompagnata
La Cipriana , il cui figliuolo attende
D' aver la fronte di corona ornata ,
   Con quello onore , che ad essa si rende
Dell' Isola maggior de' Baleari ,
Se caso fortunal non gliel contende .
   Tra le quali era in atto non dispari
Della gran Donna un' altra tanto bella ,
Che mi fur gli atti suoi a mirar cari .
   Ogn' una quivi riguardava ad ella
Per la sua gran bellezza , ed io con loro ,
Che già in me riconosceva quella .
   Ell' è colei , di cui il padre nell' oro
L' azzurro Re de' quadrupedi tiene
Nel militare scudo , e trà coloro
   Posata stassi , come si conviene ,
Jsposa d' un , che la fronzuta pera
D' oro nel ciel per arma ancor ritiene .
   E con questa a seder bellissim' era
Simile a riguardare ad una Dea

La sposa di colui , che la rivera
   Rosseggiar fe' di Lipari , e Olea
Isola , poi togliendo in guiderdone
L' Ammiraglia da chi dar la potea .
   Con esso questa ancora a un sermone
Conobb' io quella , che fu tratta al mondo ,
Onde fuggita s' era in religione ;
   Onesta e vaga nel viso giocondo ,
Moglie di tal , che me' saria non fosse ,
Ma chi più sia non mostrerò del fondo .
   E l' altre oltre mirando mi percosse ,
Ma non so che , e tutto quasi smorto
Subito altrove gli occhi e me rimosse ,
   Venendo così men sanza conforto ,
Tremando tutto mi ritorna a mente ,
Ch' io vidi in una parte di quello orto
   Onesta e graziosa umilemente
Una donna sedere , il cui aspetto
Tutto d' intorno a se facea lucente .
   In questo alquanto nel tremante petto
Con forza ritornò l' alma smarruta ,
Rendendo forze al debile intelletto .
   Così mi ricordo che io veduta
Avea costei tra quelle donne prima ,
E 'n altra parte ancora conosciuta :
   Onde se sua bellezza la mia rima
Quivi al presente per fretta non dice ,
Maraviglia non è , ma tanto estima .
   Sentendo l' alma mia , che uom felice
Mirando quella dovria divenire ,
Se la memoria mia ver mi ridice .
   Tenendo mente lei , sommo disire
D' entrar mi venne dentro allo sprendore ,
Che dalli suoi belli occhi vedea uscire .

E 'n ciò pensando subito nel core
Punger sentimi , e quasi in un momento
Mi ritrovai nel piacevol lustrore .

Ivi mirabile il dimoramento
Pareami e quasi in me di me faceva
Beffe di sì notabile ardimento .

Ma lì esser istato mi pareva
Tanto che quanto vi ha sei volte il sole
Con l' orizonte il ciel congiunto aveva .

E come nell' orecchia talor suole
Subito dolce suon percuoter tale ,
Che quelle udendo poi le piace e vuole ;

Così orribil mi venne cotale ,
E spaventommi per lungo soggiorno ,
Nè mi fe' già , bench' io temessi , male .

O tu (dicendo) che nel chiaro giorno
Del dolce lume della luce mia ,
Che a te vago si raggia d' intorno ,

Non ischernir con gabbo mia balìa ,
Non dubitar però di mia grandezza ,
La quale umil , quando vorrai , ti fia ,

Onora con amor la mia bellezza ,
Nè d' alcun' altra più non ti curare ,
Se tu non vo' provar mia rigidezza .

Sentimi poi il cor drento legare
Con cari crini dal suo capo , e adesso
E più volte ravvolgere e girare .

Così mi parve , se bene in me stesso
Ricordo , che costei dicesse : ond' io
Risposi : Donna , a te tutto sommesso

I' sono , e sarò sempre , e ciò disio .

CANTO XLV.

A tal partito nel beato loco
Istandom' io , mi senti' nel core
Raccender più a drento questo foco ;
    Talch' io pensai , che nel novello ardore
Oltre al dovuto modo mi tirasse ,
Tal nel principio suò mostrò furore .
    E 'l cor che ciò pareva , che pigliasse
A se lo 'ncendio , quantunque potesse
Oltre a dovuta parte a se ne trasse .
    Così istando parea ch' io vedesse
Questa Donna gentile a me venire ,
Ed aprirmi nel petto , e poi scrivesse
    Là entro nel mio cor posto a soffrire
Il suo bel nome di lettere d' oro
In modo , che non ne potesse uscire .
    La qual non doppo molto gran dimoro
Nel mio dito minore uno aneletto
Metteva tratto di suo gran tesoro ,
    Al qual pareami , se 'l mio intelletto
Bene estima , che una catenella
Fosse legata , che infino al petto
    Si distendeva della Donna bella
Passando drento , e con artigli presa ,
Come ancora scoglio , tenea quella .
    Oh quanto da quell' ora in quà accesa
Fu la mia mente del piacer di lei ,
Che mai non era più istata offesa .
    Moveami questa ove parea a lei
Co' suoi belli occhi , e sì pensando andava
Com' io potessi piacere a costei .
    Infra qual circuito , che occupava
La luce sua , quasi come rapito

A forza a rimirarla mi girava .
  Gravoso mi parea l' esser fedito ,
E più fiate lagrime ne spársi ,
Non potendo durar l' essèr partito
  Là onde quella soleva mostrarsi
Agli occhi miei gentile e graziosa ,
E più nel cor sentia 'l foco allumarsi .
  Io non trovava nella mente posa ,
Sì mi istringea pur di lei vedere
La mente ardente di sì bella cosa .
  Adunque seguitando il mio volere
Dovunque era costei , così tirato
Parea ch' io fossi dal suo bel piacere .
  Ma certo in ciò Amor m' era assai grato ,
Sol che 'l disio non fosse oltre misura
Nell' amoroso cor troppo avanzato .
  Ognora che la sua bella figura
Disïava vedere , Amor facea
Di ciò contenta la mia mente scura ,
  Rendendo lei umil quando volea ,
E questo più m' accendeva vedendo ,
Che 'l mio disio adempier si potea .
  Nè per lei rimanèva , ma sentendo
Forse maggior periglio , consentio
Che io avanti mi stessi piangendo ,
  E graziosa mostrandosi e pia
Verso di me con sua benignitate
In conforto tenea lá mente mia ,
  Lungamente seguendo sua pietate ,
Ora in avversi ed ora in grazïosi
Casi reggendo la mia volontate .
  Sollecito del tutto mi proposi
Di pur sentire l' ultima possanza ,
Che in loro hanno i termini amorosi .

Ver è , che molto prolissa speranza
Mi tenne in questa via , non però tanto
Che 'l mio proposto gisse in oblianza .
  Alla seconda con sospiri e pianto ,
Quando con festa sempre seguitai
Il mio proponimento , infino a tanto
  Sottilmente guardando m' avvisai ,
Che la Donna pensava terminare
Con savio stile i disiosi guai .
  Però alquanto i' mi lasciai il pensare ,
Dicendo tosto : credo provveduto
Fia da costei il mio grave penare ;
  Ella ben ora ha tanto conosciuto
Del mal ch' io sento , e del mio disio ,
Ch' io credo che di me le sia incresciuto .
  Così fra me già ragionand' io ,
Pure aspettando , che la sua grandezza
Si dichinasse alquanto al dolor mio
  Torre potere colla sua bellezza ,
La qual l' anima mia più ch' altra brama ,
E più che altra alcuna in se l' apprezza ,
  Onorandola sempre quanto l' ama .

CANTO XLVI.

  Tenendo me il valore di colei
Drento a sua luce in tal modo costretto
Sempre collo 'ntelletto volto a lei ;
  Avendo spesso dolore e diletto ,
Riposo e noja con speranza assai ,
Com' io ho qui poco di sopra detto ;
  Non sappiendo a che termine mai
Si dovesse finire , un poco appresso
In ver di lei alquanto mi voltai ,

Traendomi più là , e con sommesso
Parlar le chiesi , che al mio dolore
Fine ponesse , qual doveva , ad esso ;
 Ognor servando quel debito onore ,
Che si convenne a' suoi costumi adorni
Di gentilezza pieni e di valore .
 Cinque fiate tre via nove giorni
Sotto la dolce signoria di questa
Trovato m' era in diversi soggiorni ,
 Allora ch' io senti' , che la molesta
Pena , che m' era nello cor durata
Convertir si dovea con lieta festa :
 Lasciando adunque la mia vesta usata
In parte più profonda del verziere
Mi parea ritrovar quella fiata .
 Con gioja smisurata al mio parere ,
E nelle braccia la Donna pietosa
Istupefatto mi parea tenere .
 Vinceva tanto l' anima amorosa
La gioja , che la lingua istando muta
Divenuta pareva dubitosa ,
 Nè diceva niente , ma l' aguta
Voglia di star dov' esser mi parea
Facea parermi falsa tal paruta .
 Ond' io fra me spesse volte dicea :
Sogni tu ? o se' quì come ti pare ?
Anzi ci son , poi fra me rispondea .
 In cotal guisa spesso a disgannare
Me quella Donna gentile abbracciava ,
E con disia la mi parea baciare .
 Fra me dicendo pur , ch' i' non sognava,
Posto che mi pareva grande tanto
La cosa , ch' io pur di sognar dubbiava .
 Se per comparazion volessi quanto

Fu la mia gioja porre , esemplo degno
Nol crederia trovar . Ma dopo alquanto
   Con quella gioja , che io quivi disegno ,
La quale immaginar non si porria
Da alcun mai per altezza d' ingegno ,
   Tratto un sospiro graziosa e pia
La Donna ver di me , e disse : Or dimmi
Come venisti quì , anima mia ?
   Ond' io a lei : Poich' Amore aprimmi
Gli occhi a conoscer la vostra biltate ,
A cui io per mia voglia consentimmi ,
   Nel cerchio della vostra potestate
Entrato con affanno e con sospiri
Sempre sperando in la vostra pietate ,
   Ho lui pregato , che a' miei martiri
Dia fine grazioso , e menato
M' ha quì per fine porre a' miei disiri .
   Nel giardin là ver è , ch' i' ho lasciato
Stare una donna , la qual lungamente
Prima m' avea benigna accompagnato
   Venendo quì : e non lasciai niente
A dire a lei , e di que' due ancora ,
Con cui io venni quivi similmente
   Alquanto stette quella Donna allora
In abito sospesa in se pensando ,
E poi non dopo molto gran dimora :
   Andrai (mi disse) la donna cercando .
E' lei seguisci , perocch' ella è quella
Che 'n dritta via ripon chi va errando :
   Ciò ch' ella vuol vo' facci , fuor che s' ella
Me ti volesse far di mente uscire ,
In ciò non vo' che ubbidischi ad ella .
   Umilia te sempre al suo disire ,
E me porta nel cuor , nè ti sia grave ,

124

Chè ben tu ne potrai , creda , seguire .
  Il portar te in me tanto soave
M' è , che per pace corro a tua figura ,
Quando gravezza alcuna il mio cor ave .
  Giammai non fu neuna creatura ,
Che tanto mi piacesse ; fatti lieto ,
E di ciò tien l' anima tua sicura .
  Io volli ora al presente far quieto
Il tuo disio con amorosa pace ,
Dandoti l' arra , che finirà il fleto ;
  Adunque va' omai quando ti piace .

CANTO XLVII.

  La Donna tacque allora , ed io congedo
Presi in uno atto in me molto contento ,
E 'n altro più dolente , che mai creda :
  Ver quella parte ritornando lento ,
Dov' io aveva la donna lasciata ,
Che fu mia guida nel cominciamento ,
  Io mi giva pensando con bassata
Testa a quel ben , che io avuto avea ,
E doleami di sì corta durata .
  Di più disio ancora mi parea
Tutto arder drento nel trafitto core
Vie più che nel principio non facea ,
  E diceva fra me : Deh , se l' ardore
Ora non manca , non credo che mai
Egli esca a me della mente di fore .
  Avuto ho quel che io più disiai :
Deh , che cercherò io per mia salute ?
Chi stuterà cotal fuoco oramai ?
  La volontà , che d' Amor le ferute
Mi porsero , non è in me finita ,

Ma è cresciuta in me la sua virtute .

Tra' fiori e l' erba con vista smarrita
M' andava in me in tal guisa pensando ,
Dispregiando e lodando la mia vita .

Riguardandomi a' piedi così andando
Mi trovai alla fonte , non avendo
Vedute quelle donne festeggiando :

E 'l visó alzai me stesso riprendendo
Del perduto diletto , e ver me vidi
Quella donna venir , cui io caendo

Fra quel giardino andava : Ove ti fidi ?
(Ver me dicendo , e colle braccia aperte
Mi prese) e non cre' tu che io ti guidi

In qual parte vorrai ? Perchè perverte
Tua volontà il mio consiglio vero ,
Per vanità lasciando cose certe ?

Allor risposi : Madonna , sincero
M' è il tuo mostrar tornato , di colei
Grazia che m' ha disposto a tal sentiero .

Tu verrai se ti piace in fino a lei ,
E quivi insieme ci dimoreremo ,
Quanto piacer sarà tuo e di lei ,

E poi insieme tutte e tre andremo
Dove vorrai , che io credo segnare
Sotto il piacer di lei il dì estremo .

E allora il tuo addimandare
È d' ordine di fuor , che io so bene
Quel che tu vo' che io vi venga a fare .

La Donna meco assai più si conviene ,
Che tu non fai , dove menar mi vuoi ,
E ben conosco, qual disio ti tiene .

Vieni con meco , e a lei andren poi .
Ma andiam là (risposi) prima , ed essa
Insieme meneren con esso noi .

Non c' è bisogno d' aver sì gran pressa,
Ancora il sole al cerchio di merigge
Non è, e 'l nostro andar però non cessa.
   (*Diss' ella allora*) *Io so che ti trafigge*
Di lei il piacer, e non ti puoi partire,
Però pur quì tua volontà si figge.
   E però s' è in questo il tuo disire,
Io seguirò, tu giugnerai di fare
Quel ch' io vorrò, e altro non seguire.
   La mia risposta fu : Non comandare,
Ch' io non ami costei, ogni altra cosa
Al tuo piacere mi fie osservare,
   La qual se io sol per libidinosa
Voglia fornire amassi, in veritate
Con dover ne saresti corucciosa ;
   Anzi con quella intera caritate,
Che prossima persona amar si dee,
Amo, servo, ed onoro sua bontate.
   La qual siccome manifesto v' ee
Non trova pari in atti, nè 'n bellezza,
Nè in saper nel mondo simil' ee.
   Tu hai (mi disse quella con dolcezza)
Sì presa me pur di voler vedere
Costei, cui Donna fai di gentilezza
   Real posseditrice, che potere
Non ho sanza vederla d' ire altrove,
Nè di negare a te il tuo piacere :
   Or dunque insieme ce n' andian là dove
Tu l' hai lasciata, e veggian manifesto
Se questo è vero, a che il tuo dir mi move.
   Subitamente ragionando questo
Insieme ci movemmo, e nel cospetto
Venimmo di colei, che 'n atto onesto
   Incontro venne a noi con lieto aspetto.

CANTO XLVIII.

Graziosamente si feciono onore
Quivi le Donne insieme , ed in brieve
L' una dell' altra conobbe il valore .

Ora mi fia (la prima Donna) lieve
(Ver me rivolta disse) farti quella
Grazia , che per addrieto m' era grieve ;

Dolce , cara , e benigna mia sorella
Tengo costei , e s'tu m' avessi detto
Di lei il nome già saremmo ad ella

Grande pezza venuti nel cospetto ;
Costei sanza 'l fedel consiglio mio
Non ferma fatto , nè compon suo detto .

Dunque per tale essemplo il tuo disio
Raffrena , e serva il verace piacere ,
Il qual più volte t' ho già mostrato io .

Intero fa' che servi il suo parere ,
Altro che 'n ben non ti potrà seguire ,
Perocch' ell' ha ver te il mio volere .

La prese poi per mano e così a dire
Incominciò : Figliuola di virtute ,
Cui questi quì del tutto vuol servire

Ognor con più disio , per sua salute
Pensa , sicch' egli ogn' altra ha lasciata
Per servir te , con laude dovute :

Ringrazi te , cui elli ha esaltata
Nel mio cospetto , tanto che giammai
Nella ne fu per tal modo lodata .

Ond' io udendo ciò , immaginai ,
Che fuor che tu , altr' esser non potea ,
E però a venir qui m' inviai .

Ove poi per la destra mi prendea ,
E davami a costei così dicendo

Ancora in ver di lei ciò mi parea .
Non ebbe questi mai fren , che tenendo
Andasse in modo buon sua giovanezza ,
Se non ch' io ora di porgergli intendo .
Dirizzando esso verso quella altezza ,
Onde tu discendesti a dimostrare
Alli mondan quaggiù la tua bellezza :
Imperciocch' io il sento ancora a fare
A te ogni servigio molto presto
Per la fe' , che mi déi , ti vo' pregare ,
Ogni ragion rimossa ; ch' è in questo ,
E sia in quanto può raccomandato ,
Drizzando lui col tuo parlare onesto ,
Là ove sia onorevole stato
Di lui , e tuo , e suo contentamento ,
In modo che a me non sia disgrato .
Io il ti dono tutto , io 'l ti presento ,
Sempre sia tua , nè giammai sia ardito
Di se partir dal tuo comandamento .
E poi rivolta a me mi disse : Udito
Hai , ch' i' t' ho dato a questa ? Fa' che 'n guisa
La servi , che 'l mio dono sia gradito :
Tiella per donna tua , nè ma' divisa
Sia da lei l' alma tua , finchè vita
Dal mortal colpo in te non è conquisa .
Or quì alquanto per questa fiorita
Campagna dolcemente ti riposa ,
Sicchè poi sie più forte alla salita ,
Dove menar intendo , e la giojosa
Donna con noi , acciocchè la via
Del tutto paja a ciascun dilettosa .
Io dissi allor : Madonna , così sia ,
Se tal grazia mi fai , quando ti piace .
A tal cammin con noi dietro t' invia .

Manifesto conosco altro che pace
Io non potrei aver , poi questa viene ,
Che per conforto sola nel cor giace ;
 Ond' io sento alleggiare le mie pene ,
Dio voglia ch' ella ci stia lungamente
Con allegrezza aggiugnendoci bene .
 Ridendo e festeggiando insiememente
Su per l' erbette insieme n' andavamo ,
E d' Amor ragionando lietamente .
 Ora innanzi ora addietro tornavamo ,
E talora cogliendo erbette e fiori
Sopra li verdi prati abbassavamo ,
 Rinnovando cogli occhi più gli ardori
Degli animi , e andando per la riva
Soave al naso per diversi odori .
 E con colei , ch' a me più aggradiva ,
Cercando ogni boschetto : e noi soletti
Sanza la Donna , ch' a dietro veniva ,
 N' andavan ratti prendendo diletti ,
Tanto che quella , entrati in chiuso loco ,
Più non vedemmo , onde ciascun s' assetti ,
 Dicendo quì , or aspetti ella un poco .

CANTO XLIX.

Era quel loco , dove ci trovamo ,
Soletto tutto , nè persona appresso
Di nulla parte a noi non sentivamo ;
 Tutto d' intorno , e ancora sopra esso
Era di frondi verdi il loco pieno ,
E di quelle era ben follato e spesso .
 Entrar non vi potea sol nè sereno ,
E di vermiglie rose incercuitó
Gran quantità ancor vi si vediéno .

Allor vedendo il dilettevol sito ,
E me con quella dimorar soletti ,
E d' ogni altra compagna esser partito ,
 Là fra me dissi : Io non so ch' io m' aspetti ,
Perchè , poi qui son solo , ora non prendo
Di questa in tanto affannati diletti ?
 Lo loco , ov' ora dimorian sedendo
D' ogni sospetto è scevro , nè trovarci
Quella potria , che ci venìa seguendo ;
 E altro non cred' io che impacciarci
Potesse : costei vuole , e io 'l disio ,
Dunque perchè cercar più d' indugiarci ?
 In cotal ragionar m' accosta' io
A quella , e presa lei che 'n sulla erbetta
Sonniferava già al parer mio ,
 Lei nelle braccia mi recai istretta ,
Mille fïate credo la baciai ,
Pria si volgesse la bella angioletta .
 Ma subito stordita , a dir : Che fai ?
(Cominciò isvegliata) deh , non fare ,
Se quella Donna vien come farai ?
 Ed io allora cominciai a parlare :
Donna , io non so quando mi riavesse
Quel che tu ora mi vuoi far lasciare ;
 Ragion sarebbe ch' io sempre piangesse ,
Se per preghiera , che non dee valere ,
Quel ch' io ho mattamente perdesse .
 In cotal guisa stando a mio parere ,
Già questa bella donna stava cheta ,
Consentendo umilmente al mio piacere
 Tutta disposta : quando l' alma lieta
Di cotal bene tanta gioja prese
In se , che ritener dentro a sua meta
 Allora non potè ; ma 'l sonno offese

Là dov' io dolce allor facea dimora ,
Perchè si ruppe , e più non si difese .

 Tutto stordito mi riscossi allora ,
E strinsi a me le braccia , e mi credea
Intra a se Madonna avervi ancora .

 Oimè , quanto angosciosa , e quanto rea
Tal partita mi fu , e quanto caro
Mi fu il dormir mentre in braccio v' avea .

 Ahi , come ritornò in duolo amaro
Quel diletto , che 'l sonno m' avea porto ,
Ch' a ogni affanno avea posto riparo .

 Lasso angoscioso , e sanza alcun conforto
Levato pur d' intorno mi mirava ,
Immaginando ancora istar nell' orto .

 La fantasia non so come m' errava ,
E mentre avea sognato , mi credeva
Non sogno avesse , e così istimava .

 Ora stordito sognar mi pareva ,
E lungo spazio non seppi ov' io m' era ,
Nè vero sentimento in me aveva .

 Ritornato ch' io fui poi nella vera
Conoscenza di prima , e lagrimato
Ebbi per certo spazio quivi ov' era .

 Oimè (dicendo) dove son io stato
Con tanta gioja ? Or fosse piaciuto
A Dio , ch' io non mi fossi mai destato ,

 E 'n cotal gioja sempre sarei suto .
Ancor mi fora leggiero il dormire ,
Se più tal don mi fosse conceduto .

 Pianto e angoscia e nojoso martire
Di ciò mi crebbe , e moltiplicò 'l foco
In me vie più d' amoroso disire ,

 Il quale io sento , che a poco a poco
Tutto mi sface , e già saria finita

La vita mia , se non che a quel loco
   Veracemente spero , che reddita
Ancor farò con essenza perfetta ,
Allor prendendo quella gioja compita ,
   Nella quale ora dormendo imperfetta
Istetti , e questo l' amorosa mente
Solo disia , e fermamente aspetta :
   Ove colui , che di tutto è potente
Mi rechi e servi nella vostra grazia ,
Quanto vi piace , Madonna piacente ,
   Nella qual sempre fia mia mente sazia .

CANTO L.

Dico , che poichè 'l sonno fu partito
Tutto di me , che stava lagrimando ,
Ancora in me di tal bene smarrito ,
   In piè drizzato , e intorno a me guardando
Vidi la bella Donna , la qual voi
Per lo giardin mi feste andar cercando .
   Che pensi ? (disse a me , e poco poi
Soggiunse) Andian , ch' egli è voler di quella ,
Che nel tuo sonno mi ti diede ancoi .
   Ond' io risposi stupefatto ad ella :
E dove andremo ? e tornerem noi forse
Dov' io era or con quella donna bella ?
   Mai sì (mi disse allora) ciò che porse
Il tuo dormire alla tua fantasia
Tutto averai , se da me non ti smorse .
   Ancora più per me dato ti sia
Di grazia di veder ciò che perdesti ,
Quando lasciasti la mia compagnia .
   In quella parte là dove or dicesti
Sanza consiglio molto esaminato

Ir non si vuol , che tu ten penteresti .

   Primeramente là dove t' è grato
Seguita , che sanza dubbio intenta
Sarò di farti a tempo consolato ;

   E quel disio , che or più ti tormenta ,
Porrò in pace con quella bellezza ,
Che l' alma al cor tuttora ti presenta .

   Ristette allora , ed io tanta dolcezza
Presi della promessa , che nel viso
Tutto disfavillava d' allegrezza .

   Con voce piena e tutto pien di riso
Risposi a lei : Donna gentile , io vegno ,
Nè più da te voglio esser mai diviso .

   Umile e pian , quant' io posso , m' assegno
A te , fa sì ch' al piacer di colei ,
Di cu' io sono , io non trapassi il segno .

   Ell' ha del mio voler (disse costei)
In mano il fren , sicch' io non posso fare ,
Se non sol quel , ch' è in piacere a lei .

   Di tanto sempre mi veggo onorare
Da essa , che io le lascio , che giammai
Oltre alla voglia mia non vuol mutare .

   E questo detto , disse : Andiamo omai ,
Che 'l tempo è brieve a quel che vuoi fornire .
Per ch' io sanza più dir la seguitai .

   E così adunque vo' pur pervenire ,
Donna gentile , al loco , ove sendo
Voi , ebbi tanta gioi' nel mio dormire ;

   Tuttor notando quel , ch' andrò vedendo
Dietro a costei per la portella stretta ,
E di scriverlo oltre ancora attendo .

   Or vi voglio pregar , Donna diletta ,
Che poi che la passata Visïone
Tututta con diletto avrete letta ,

Mirando dove cade riprensïone
Mi correggiate , e cara la tegniate ,
Pensando alla mia buona affezione .
   Io non mi curo poi se dispregiate
Sien forse le sue o sua sentenza ,
Sol che a voi sian dilettose e grate .
   Per vostro onore e somma reverenza
Della fe , ch' io vi deggio come a Donna
Di virtuosa e somma intelligenza ,
   Atando me la possa , che s' indonna
In ciascun cuor gentil , che da virtute
Per accidente alcun mai non si sdonna ,
   Rispetto avendo ancora alla salute ,
Che da voi · isperanza mi promette
A mitigar l' amorose ferute ,
   Aggio composte queste parolette
In rima , e fine faccio col piacere
Di voi , in cui l' alma tutta si rimette .
   Vago e contento solo di potere
Far cosa che v' aggrada , e questo vuole ,
Questo disia , e questo l' è in calere ,
   E il contrario più ch' altro le dole ;
Dunque , Donna gentile e valorosa ,
Di biltà fonte , com' di luce sole ,
   Rimirate alla fiamma , che nascosa
Dimora nel mio petto , e ispegnete
Quella coll' esser verso me pietosa .
   Amor mi diede a voi , voi sola sete
Il ben che mi promette la speranza ,
Sola mia vita in gioi' tener potete .
   Solo mio ben , sola mia disïanza ,
Solo conforto della vaga mente ,
Sola colei , che mia virtute avanza
   Sete , e sarete sempre al mio vivente ,

Nè più disio , nè disïar più voglio ,
Fuor che d' esser a tal biltà servente .
 Adunque quello ardor , in cui m' invoglio ,
Terminerete omai quando vi piace ,
Ch' io vi sono entro ognor , più ch' i' non soglio ;
 Io v' accomando al Sir di detta pace .

F I N E .

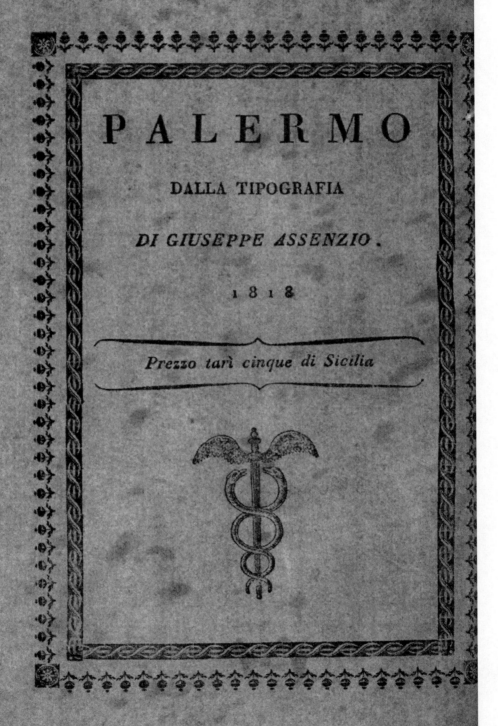

PALERMO

DALLA TIPOGRAFIA

DI GIUSEPPE ASSENZIO.

1818

Prezzo tarì cinque di Sicilia

55

Leo=

Lightning Source UK Ltd.
Milton Keynes UK
UKOW02f2151301213

223797UK00010B/745/P